STEEL DECK PAVEMENT MAINTENANCE AND
REHABILITATION TECHNOLOGY OF JIANGYING YANGTZE RIVER BRIDGE

江阴长江大桥钢桥面铺装养护维修技术

陈雄飞 汪 锋 朱志远 王建伟 ◎著

人民交通出版社股份有限公司
China Communications Press Co., Ltd.

内 容 提 要

本书为作者17年来在江阴长江大桥钢桥面铺装维养和修复方面进行的科研、教学和工程应用总结。主要内容包括：江阴大桥铺装使用条件分析、江阴大桥钢桥面铺装维养机制、江阴大桥钢桥面铺装典型病害分类、江阴大桥钢桥面铺装典型病害形成机理、江阴大桥钢桥面铺装典型病害修复材料与工艺、江阴大桥钢桥面铺装大中修技术方案对比等。

本书可供从事道路和桥梁工程科研、教学和工程设计人员参考使用，也可作为相关专业研究生教材或学习参考书。

图书在版编目(CIP)数据

江阴长江大桥钢桥面铺装养护维修技术 / 陈雄飞等著. —北京：人民交通出版社股份有限公司, 2017.6
ISBN 978-7-114-13895-9

Ⅰ.①江… Ⅱ.①陈… Ⅲ.①长江—公路桥—桥面铺装—公路养护—江阴②长江—公路桥—桥面铺装—维修—江阴 Ⅳ.①U448.14

中国版本图书馆 CIP 数据核字(2017)第 130811 号

书　　名：江阴长江大桥钢桥面铺装养护维修技术
著 作 者：陈雄飞　汪　锋　朱志远　王建伟
责任编辑：郭红蕊　闫吉维
出版发行：人民交通出版社股份有限公司
地　　址：(100011)北京市朝阳区安定门外外馆斜街3号
网　　址：http://www.ccpress.com.cn
销售电话：(010)59757973
总 经 销：人民交通出版社股份有限公司发行部
经　　销：各地新华书店
印　　刷：中国电影出版社印刷厂
开　　本：720×960　1/16
印　　张：7.25
字　　数：119千
版　　次：2017年6月　第1版
印　　次：2017年6月　第1次印刷
书　　号：ISBN 978-7-114-13895-9
定　　价：48.00元

(有印刷、装订质量问题的图书由本公司负责调换)

前 言
FOREWORD

截至 2016 年年底，我国已建或在建的钢桥数量近百座，其中就包括江阴长江公路大桥(后简称"江阴大桥")。它是我国首座跨径超千米的特大型钢箱梁悬索桥梁，也是 20 世纪"中国第一、世界第四"大钢箱梁悬索桥，是国家公路主骨架中同江至三亚国道主干线以及北京至上海国道主干线的跨江"咽喉"工程，是江苏省境内跨越长江南北的第二座大桥。

江阴大桥自 1999 年建成通车以来，先后历经了三种铺装模式的转变。1999～2003 年，钢桥面铺装借鉴英国经验，采用沥青玛蹄脂混凝土(部分国家称为浇注式沥青混凝土)，但投入使用后不久便出现开裂和车辙等病害。于是，在 2004 年将 4 个车道上层浇注式沥青混凝土进行铣刨，换成环氧沥青混凝土，其中 3 个车道采用温拌环氧沥青混凝土，1 个车道采用热拌环氧沥青混凝土。采用"下层浇注 + 上层环氧"的铺装模式，虽然病害情况有所改善，但依旧不能满足使用需求。因此，从 2010 年开始，逐步将江阴大桥全部车道换成双层热拌环氧沥青混凝土。迄今为止，大桥服役状态良好，多年的环氧铺装养护技术在江阴大桥中得到了成功应用。

本书涵盖了钢桥面沥青铺装病害成因及维养成套技术的研究。从江阴大桥桥面铺装维修材料和结构出发，介绍了钢桥面沥青铺装的典型病害分类及形成机理、不同桥面铺装病害的维修养护机制和养护依据、不同类型病害的修复材料和工艺、不同维修技术方案对比等方面的研究成果。

本书融合了实体工程和科研项目的研究成果，感谢江苏扬子大桥股份有限公司和东南大学桥面维养技术团队的支持，以及参与本书研究工作的老师和研究生，感谢同行专家们在项目研究过程中所做的指导和帮助。书中引用了大量国内外技术资料和成果,谨向书后参考文献中提及的和未提及的专家学者表示衷心的感谢。

限于作者水平有限,如有错误和不当之处,敬请读者和广大师生批评指正,以及时修改和完善。

作 者
2017 年 4 月

目 录
CONTENTS

第1章 绪论 ·· 1
1.1 江阴大桥钢桥面铺装维修材料 ··· 2
1.2 江阴大桥钢桥面铺装维修结构 ··· 8
1.3 江阴大桥钢桥面铺装17年维养主要工作内容 ································· 13

第2章 江阴大桥铺装使用条件分析 ·· 15
2.1 气候条件分析 ·· 15
2.2 交通条件分析 ·· 17

第3章 江阴大桥钢桥面铺装维养机制 ··· 24
3.1 铺装大中修处治方案及使用情况 ·· 24
3.2 铺装日常养护依据 ··· 28
3.3 调查方式 ·· 28
3.4 预警模型 ·· 29
3.5 历年铺装日常病害统计分析 ·· 30

第4章 江阴大桥钢桥面铺装典型病害分类 ··· 37
4.1 浇注式沥青铺装典型病害 ·· 37
4.2 环氧沥青铺装典型病害 ··· 39
4.3 小结 ··· 42

第5章 江阴大桥钢桥面铺装典型病害形成机理 ······································· 43
5.1 裂缝类病害形成机理 ·· 43
5.2 车辙类病害形成机理 ·· 47
5.3 火灾病害形成机理 ··· 54
5.4 坑槽病害形成机理 ··· 58

第6章 江阴大桥钢桥面铺装典型病害修复材料与工艺 ····························· 60
6.1 江阴大桥钢桥面铺装裂缝修复材料与工艺 ···································· 60

· 1 ·

6.2 江阴大桥钢桥面铺装鼓包修补材料与工艺 …………………… 74
6.3 江阴大桥铺装坑槽和车辙修复技术 …………………………… 77
6.4 火灾病害修复材料与工艺 ……………………………………… 82
6.5 小结 ……………………………………………………………… 85

第7章 江阴大桥钢桥面铺装大中修技术方案对比 ……………… 87
7.1 浇注式沥青混凝土铺装大中修方案 …………………………… 87
7.2 温拌型环氧沥青混凝土铺装大中修方案 ……………………… 92
7.3 热拌型环氧沥青混凝土铺装大中修方案 ……………………… 97
7.4 大中修方案对比 ………………………………………………… 102

参考文献 ……………………………………………………………… 108

第1章
绪论

随着我国经济实力与工程技术的大幅提升,桥梁作为道路的重要组成部分和交通运输枢纽的咽喉工程得到了突飞猛进的发展。近20年来,我国已建、在建以及规划建设的大跨径桥梁的数量迅速增长。国内外工程建设经验表明,大跨径桥梁最有效的结构形式之一为加劲的钢箱梁桥。相比于水泥混凝土桥梁、钢桁架桥梁等其他类型桥梁,钢箱梁桥的铺装不具备其他桥梁的刚性地板支撑,其主要技术研究难点表现为钢桥面铺装的工作环境更为苛刻,受力条件更加复杂。在荷载作用下,钢箱梁的横向和纵向加劲肋使得桥面板局部区域产生负弯矩,导致局部铺装层表面受弯拉,出现倒置的受力模式。大跨径缆索结构的钢箱梁桥自身的变形、位移、振动、扭转都较大,在行车荷载下,正交异性钢桥面板的局部应力与变形非常复杂。考虑到减轻桥梁恒载与钢板防腐防锈等问题,钢桥面铺装必须是具有较好防水性能的薄层结构。桥面铺装是大跨径桥梁工程的重要组成部分,具有较高的功能造价比,工程质量直接影响大桥的通行能力与行车安全性、舒适性、桥梁结构的耐久性以及社会和经济效益。作为大跨径钢桥建设的关键技术之一,正交异性钢桥面铺装技术因其使用条件与要求的差异,至今在国内外尚未得到普遍有效的解决。因此,大跨径桥梁钢桥面铺装技术受到国内外学术界和工程界的高度重视。

江阴大桥全长1 385m,是我国首座跨径超千米的特大钢箱梁悬索桥,也是20世纪"中国第一、世界第四"的桥梁,是连接京沪、同三国道主干线的重要过江通道,曾获得2002年度中国建筑工程鲁班奖和世界桥梁最高奖——尤金·菲格尔奖。江阴大桥钢桥面最初采用引进英国的设计厚度50mm的浇注式沥青混凝土铺装体系,钢板由下往上分别为薄层溶剂型黏结剂、3mm橡胶沥青防水层、47mm浇注式沥青混凝土铺装层、表面压入最大粒径不超过14mm的火成岩。铺装由英国

江阴长江大桥钢桥面铺装养护维修技术

KCB公司总承包施工,施工自1999年5月8日开始,至当年8月31日结束,施工验收质量优良。

江阴大桥于1999年9月28日正式运营通车。通车后不久,于2000年入夏后的高温季节,在大桥西侧(靖江—江阴方向)由北向南的重车道上坡路段,浇注式铺装层出现明显塑性变形,深度5~8mm,长度约200m,有形成车辙的趋势。到2000年年底,即春运期间,在相同路段,发现辙槽中间出现纵向裂缝(长度0.5~2m,宽度1~3mm),横隔梁顶部的纵缝之间出现少量的横向裂缝(长度0.2~0.3m)。2001年夏季,裂缝发展较为严重,但裂缝宽度较小,铺装层仍能维持正常使用。2002年年底,主梁部分梁段的钢桥面铺装开始出现加速破坏的迹象,裂缝长度与宽度均增长较快,部分横向裂缝已贯穿慢车道并向行车道与超车道延伸,纵向裂缝已有两条平行的裂缝发展成鱼骨形状,并且局部新维修的铺装层也在短时间内迅速破坏。至2003年3月,江阴大桥共经历了大大小小的日常维修养护12次,铺装维修面积接近3 000m^2。之后近10年,江阴大桥采用多种铺装材料与结构体系进行了铺装维修。铺装维修材料包括:改进型浇注式沥青混凝土、重交通钢桥面聚合物改性沥青浇注式混凝土、高强沥青混凝土、温拌型环氧沥青混凝土、热拌型环氧沥青混凝土、反应性树脂混凝土;铺装维修结构包括:单层浇注式铺装、双层浇注式铺装、双层环氧、双层高强沥青SMA、下层浇注+上层环氧、下层浇注+上层反应性树脂混凝土、下层纤维增强复合材料(FRP)+上层反应性树脂混凝土等。

通车运营17年间,江阴大桥采用了国内外典型铺装材料与结构进行钢桥面铺装的维修工作,材料和结构类型较为全面,积累了较为宝贵的实体工程应用经验。所以,系统总结江阴大桥钢桥铺装17年的养护维修技术,梳理出不同铺装材料与结构的性能特点和服役状况,不仅能有效提升江阴大桥铺装养护品质,并且对我国在建和规划建设的大跨径钢箱梁桥面铺装体系设计具有非凡的意义。

1.1 江阴大桥钢桥面铺装维修材料

1.1.1 铺装结构层用材料

江阴大桥钢桥面铺装的材料经过多年的研究和实践,主要有以下四类典型材料:

(1)以美国、中国为代表所使用的温拌型环氧沥青混凝土[1]。它的主要优点

第1章 绪　　论

为:强度高,高温时抗塑性流动和永久变形能力很强,低温抗裂性能较好,具有极好的抗疲劳性能,具有高强的抵抗化学物质侵蚀的能力,包括溶剂、燃料和油;主要缺点为:环氧沥青混凝土施工过程中对时间和温度要求严格,材料费用相对较高。

(2) 以日本为代表所使用的热拌型环氧沥青混凝土。路面性能方面,它具有与温拌型环氧沥青混凝土相同的特点,即强度高、高低温性能优异,具有很好的抗疲劳性能。在施工工艺方面,它解决了温拌型环氧沥青混凝土对施工允许时间和温度严苛要求的缺陷,采用与普通改性沥青混凝土相近的施工工艺,大大降低了施工质量控制难度。

(3) 聚合物改性沥青浇注式混凝土[2]和以英国为代表所使用的沥青玛蹄脂混凝土(Mastic Asphalt)。这类沥青的主要优点为:空隙率接近零,具有优良的防水、抗老化性能,无需防水层,抗裂性能强,对钢板的追从性、与钢板间的黏结性能好于一般沥青混凝土;主要缺点为:高温稳定性差,易形成车辙,施工需要专门的器械。

(4) 高强改性沥青 SMA[3]。它的主要优点为:较好的柔韧性、抗松散、抗裂能力强,良好的耐久性和防水性能,抗塑性流动和抗永久变形的能力强,不易产生车辙,具有粗糙的表面构造,防滑性能好,施工要求低,施工期短,费用较低;主要缺点为:铺装层较厚,对集料要求高,在我国工程实践中保质年限较短。

另外还采用过反应性树脂混凝土和纤维增强复合材料(FRP)。反应性树脂混凝土的主要优点为:强度高、高温稳定性好,施工工艺较为便捷;主要缺点为:易出现开裂、推移病害,保质年限较短。FRP 具有轻质高强的特性,主要被用于桥梁主体结构中,在江阴大桥铺装维修中被尝试应用于钢板补强。实际应用经验显示:FRP 存在与原钢板黏结不致密,易出现严重变形,现场施工效率低等问题。

1.1.1.1　环氧沥青混凝土

环氧沥青是一种由环氧树脂、固化剂与基质沥青经复杂的化学改性所得的混合物。固化后的环氧沥青混凝土是一种力学性能优异的材料,对温度的敏感程度较低。自 1967 年美国 San Mateo-Hayward 大桥首次采用了环氧沥青混凝土作为钢桥面沥青铺装材料以来,环氧沥青混凝土铺装在美国、加拿大、新西兰和中国等国家得到成功应用。目前,市面上常用的环氧沥青混凝土按照施工温度可以分为温拌型环氧沥青混凝土与热拌型环氧沥青混凝土两大类。其中,温拌型环氧沥青混凝土以美国和中国的环氧沥青混凝土为代表,其施工温度范围分别为 110～121℃和 110～130℃[4,5];热拌型环氧沥青混凝土以日本环氧沥青混凝土为代表,其施工温度范围一般在 165～190℃[6]。

环氧沥青混凝土一般采用悬浮密实结构,其结合料环氧沥青是一种热固性沥青材料,材料一旦固化后不会随温度的变化而发生逆反应,为环氧沥青混凝土的整体强度组成提供了很大的贡献[7]。因此,尽管悬浮密实结构中集料的骨架嵌挤作用相对较弱,环氧沥青混凝土仍具有很高的强度,同时还有不大于3%的空隙率。大量的室内试验和实际应用均证明环氧沥青混凝土具有很多优点:

(1)强度高,韧性好。

(2)高温稳定性和低温抗裂性能均比其他类型的沥青混凝土高出很多。

(3)具有极好的抗疲劳性能和水稳定性能。

(4)具有高度的抵抗化学物质侵蚀的能力,包括溶剂、燃料和油。

同时,与普通沥青混凝土不同,热固性环氧沥青混凝土的性能受成型时温度、时间等因素变化的影响较大,在摊铺后必须保证有足够长的养护期,以确保环氧沥青混合料能够基本完成固化。

环氧沥青混凝土路用性能与密水性均较佳,与钢板的变形协调性也较好,既可以用作铺装下层,也可以用作铺装上层。当用作铺装上层或铺装下层时,厚度一般为25~35cm;当以"双层环氧"方案使用时,其厚度一般在50~60mm。自我国在南京长江第二大桥的钢桥面环氧沥青混凝土铺装工程成功应用后,环氧沥青混凝土因其良好的使用性能与使用寿命而在国内得到了广泛的应用。江阴大桥自2003年以来,采用温拌和热拌型环氧沥青混凝土材料进行过多次铺装维修,使用效果良好,是经过多年经验积累和实桥应用对比后选择的一种主要的铺装维修材料。

1.1.1.2　浇注式沥青混凝土(GA)

浇注式沥青混凝土在概念上可简单解释为"注入式沥青混凝土"。英国、法国以及地中海沿岸的国家对这种材料习惯于用材料特性命名,称之为沥青玛蹄脂,国内有的学者也将其翻译为"嵌压(碾压)式沥青混凝土"。对照德国 ZTV 沥青规范和英国标准 BS 1447,可以看出英国的沥青玛蹄脂与德国的浇注式沥青混凝土原则性区别只是沥青玛蹄脂中的粗集料没有相对严格的级配要求,即在大颗粒范围内不使用分等级的颗粒,而几乎是单粒径的碎石。两者在黏结剂要求和铺装层表面撒布碎石的规格上稍有不同,而其他诸如拌和设备、运输技术和施工技术完全一样,所以这种沥青玛蹄脂与浇注式沥青混凝土本质上是一样的。

世界上最早采用浇注式沥青混凝土进行桥面沥青铺装的是1929年苏丹喀土穆的尼罗河大桥。由于浇注式沥青独特的防水、抗老化、抗疲劳性能以及对钢桥面板优良的追从性,其在欧洲和日本被广泛应用于桥面沥青铺装,如德国的奥博卡斯勒桥(Oberkasseler)、英国的汉博尔桥(Humber)、法国的诺曼底大桥(Normandy)、瑞典的霍加库斯藤大桥(Huga Kusten)、丹麦的大贝尔特东桥(GreatBelt East)、日本的明石海峡大桥(Akashi Kaikyo)和多多罗大桥(Tatara)等。

与其他的沥青材料相比，浇注式沥青混凝土的特点是在高温状态(220~260℃)下进行施工，混合料摊铺时流动性大，依靠自身的流动密实成型，无需碾压。浇注式沥青混凝土在德国一般采用针入度为20~50(0.1mm)的直馏沥青，掺配15%~35%的天然特立尼达湖沥青(Trinidad Lake Asphalt,简称TLA)。德国浇注式沥青混凝土在集料要求方面没有特别之处，但在集料级配上有自己的特色。从级配来看，德国浇注式沥青混凝土级配分为三级[0/5、0/8、0/11(s)]，细级配常应用于室内防水层或屋顶防水层，中间级配多应用于屋外停车场，粗级配则应用于摩擦层或其他表面要求较粗糙的地方，因此其应用范围非常广泛。英国Mastic的结合料采用60号~70号基质沥青掺配50%~70%的TLA拌制而成，其TLA的含量明显高于德国、日本的浇注式沥青结合料含量[8]。

浇注式沥青混凝土具有"两高一低"的特点，即浇注式沥青结合料和细集料含量高、粗集料含量低，这种类型的混合料掺配组成确保了浇注式沥青混合料具有良好的密水性能以及与钢桥面板协同变形的能力。但是同时也给浇注式沥青混凝土带来了高温稳定性差的缺点。因此，采用浇注式沥青混凝土作为钢桥面沥青铺装材料往往会出现高温车辙、推移等病害。江阴大桥采用单层浇注式沥青混凝土铺装方案，在通车运营不久，就发生了大量的车辙、推移病害，不得不进行大修。

1.1.1.3 高强改性沥青SMA

SMA在20世纪60年代中期由德国开发，现已成为其标准沥青路面及桥面沥青铺装材料。典型的SMA是一种热拌式间断级配混合料，混合料中粗集料的含量高达70%，矿粉含量达10%左右，沥青用量为4%~7%，而且为防止混合料在拌和及运输过程中存在析漏的现象，通常在SMA中加入一定含量的纤维稳定剂。SMA的高温稳定性主要源于粗集料的相互嵌挤作用，沥青玛蹄脂(矿粉、纤维与沥青等的均匀拌和物)的胶结性能也对此有一定影响。其低温性能来源于含量较高的沥青玛蹄脂。通常认为，SMA结构中胶泥含量达到18%以上(占混合料总重量)时，即可获得较好的低温性能。

我国的虎门大桥、厦门海沧大桥等均采用了SMA作为铺装材料。这两座大桥的桥面沥青铺装在使用过程中均出现了较为严重的车辙、开裂及横向推挤等病害，并且经历了大修。美国、日本及欧洲的实践表明，SMA作为钢桥面沥青铺装的上

层是可行的,但作为铺装下层则未必合适,其原因主要基于以下几点:

(1)作为钢桥面板的铺装下层,要求与钢板有良好的黏结力,以适应钢板在温度与行车荷载作用下的复杂变形,而 SMA13 与 SMA10 中粗集料含量一般高达 70%,过多的粗集料难以与钢板达到密贴的效果。

(2)作为与钢桥面板直接接触的铺装下层,它应具备优良的防水与密水性,而 SMA 的高沥青含量是建立在相对较大的空隙率的基础上(3%~4%),通过 VMA 来保证。德国、日本等国要求铺装下层沥青混合料的空隙率几乎为零,这一点 SMA 无法达到。

可见,SMA 并不适合做钢桥面沥青铺装下层材料,目前一般做法是将 SMA 铺装层作为铺装上层使用。当 SMA 材料作为钢桥面沥青铺装的下层时,需要在 SMA 铺装层和钢板之间设置垫层或者缓冲层作为过渡层。

1.1.2 防水黏结材料

对于钢桥面沥青铺装而言,钢板与沥青铺装层之间的黏结十分重要。为了保证铺装层与钢桥面板能组成一个整体共同受力,铺装层与钢桥面板之间要加设黏结层,铺装层与钢桥面板间的黏结作用对保证整个钢桥面沥青铺装体系的复合作用以及在交通荷载作用下铺装层与钢桥面板的协调变形至关重要。铺装层与钢板的复合作用不仅降低了沥青铺装层内部的应力,也降低了钢桥面板内部的应力以及板肋焊接处的应力,对整个铺装体系各部件的受力均是有利的。在目前修建的大跨径钢桥面沥青铺装体系中,一般在多层铺装体系中采用黏结性能、防水性能均较好的材料作为黏结层,这一黏结层除了具有"承上启下"的黏结作用外,还具有对桥面板的防水保护功能。防水层为桥面板提供一个防止湿气的无渗透性屏障,黏结层将沥青铺装层与钢板黏结成一个整体,充分发挥复合作用,两者相辅相成。此外,防水黏结层还可防止钢板腐蚀。因此,防水黏结材料的选择尤为关键。

1.1.2.1 防水黏结材料性能要求

对理想防水黏结层的要求可以概括为:在设计年限内不透水,并能承上启下将钢板与沥青混凝土铺装层连为一体以抵抗交通荷载的作用。具体来说,钢桥面防水黏结层材料应满足如下性能要求:

(1)良好的层间黏结力。

钢桥在温度应力和行车荷载作用下,桥面板和沥青铺装层发生挠曲变形,防水黏结层需提供足够的黏结力保证铺装层与桥面板整体性,防止铺装出现层间滑移、沥青铺装层剥离、拥包等病害,确保桥面沥青铺装具有优良的使用性能。

(2)良好的高温稳定性、低温抗裂性和抗腐蚀的能力。

全国各地气温高低不同,因此要求防水黏结材料有较高的高温稳定性,在高温下不流淌,并能提供足够的层间结合力及抗荷载剪切能力,同时防水材料在低温状况下应具备良好的抗裂能力,避免剧烈降温造成防水黏结材料开裂,丧失防水能力;另外,桥面难免有车辆燃油泄漏到沥青表面,渗入防水黏结层,因此,要求材料应具备抵抗汽油、柴油等有机溶剂破坏的能力。

(3)良好的抗渗性能。

桥面防水黏结层不仅要抵抗雨水的渗透,阻隔雨水渗入桥面板,还要防止孔隙中的水分在车辆荷载作用下产生的动态水压作用。因此,要求防水黏结层具有良好的抗渗性能,抵抗动水压力下的渗透作用,保护钢桥面板。

(4)良好的耐久性。

防水黏结材料多为有机材料或高分子改性沥青材料,而有机物的缺点是容易老化,老化后材料会丧失原先的一些优良性能,如弹性、韧性、强度、防水性能都会降低,所以防水黏结材料需具有优良的耐老化性能,保证使用年限内防水层的黏结力、抗剪能力不会丧失。

综合国内外钢桥面沥青铺装防水黏结体系研究现状及在实体工程中的应用情况,对钢桥面沥青铺装防水黏结材料归纳如下。

1.1.2.2 沥青类防水黏结材料

沥青类材料作为钢桥面沥青铺装的防水黏结体系,主要具有的特点为:防水黏结层是通过物理过程实现与钢板的有效黏结;防水黏结层材料会随着温度的升高而出现软化或者融化,又会随着温度的降低表现出一定的脆性,整个过程具有一定的可逆性。

沥青类防水黏结材料可分为两大类:

(1)热熔型沥青类。

热熔型沥青类,包括高黏度改性沥青、聚合物改性沥青等,常用的有SBS改性沥青和橡胶沥青。其施工特点为沥青需经高温熔化,采用专门的沥青洒布车进行喷洒,以保证洒布的均匀可控性。

(2)溶剂型沥青类。

溶剂型沥青类,主要包括沥青、树脂、溶剂三种成分。其中的溶剂主要有:煤焦油,苯类(如二甲苯),酯类(如醋酸丁酯、乙酸丁酯、松香甘油酯等),醇类(如月桂醇),乙醚,丙酮等有机溶剂。其施工特点为常温施工,可采用人工涂布或采用沥青洒布车进行喷洒。煤焦油、苯等溶剂对人体有伤害,所以使用得越来越少,基本使用更环保的酯类和醇类有机溶剂。

沥青类防水黏结层的施工流程为:钢板经过喷砂除锈、防腐处理后,洒布沥青类黏结剂并在其上撒布预拌碎石,然后铺装沥青混凝土。

1.1.2.3 反应性树脂类防水黏结材料

反应性树脂类作为钢桥面沥青铺装的防水体系,主要具有如下特点:防水黏结层是通过化学反应过程实现与钢板的有效黏结,该化学过程一般是不可逆的;防水黏结层材料不会随着温度的升高而出现软化或者融化,黏结层一旦形成,就具有一定的稳定性;防水黏结层可以单独设置,也可以与缓冲层共同构成相对独立的防水黏结体系。

反应性树脂类防水黏结材料分为两大类:

(1)环氧树脂类。

环氧树脂防水黏结材料是近年来钢桥面沥青铺装工程中使用得较为广泛的一种,其主要成分为环氧树脂与固化剂,两组分按一定比例混合,在一定温度和时间条件下完成固化,通过化学反应过程实现与钢板的有效黏结。环氧树脂类防水黏结层可采用人工涂布或采用沥青洒布车进行喷洒。

环氧树脂类防水黏结层的施工流程为:钢板经过喷砂除锈、防腐处理后,洒布环氧树脂类黏结剂作为防水黏结层,其上可撒布预拌碎石,然后铺装沥青混凝土。

(2)甲基丙烯酸树脂类。

甲基丙烯酸树脂类防水体系具有与基底及铺装层黏结性能好、抗刺破能力强、抗氯离子渗入、耐腐蚀性能强的特点,而且能抵抗铺装层高达250℃的高温,能在低温下迅速固化。最具代表性的产品为英国 Eliminator 防水黏结体系。

甲基丙烯酸树脂类防水黏结材料的施工流程为:钢板经过喷砂除锈、滚涂防腐底漆后,喷涂两层甲基丙烯酸树脂作为防水层,涂布黏结层,然后铺装沥青混凝土。

1.2 江阴大桥钢桥面铺装维修结构

钢桥面沥青铺装直接承受车辆荷载作用,同时还充当钢桥面板的保护层,合理的铺装结构可有效分散、降低正交异性板的荷载应力,增加桥面板构件及焊缝的疲劳寿命[9]。经过10余年的发展,江阴大桥钢桥面沥青铺装结构历经了单层同质、

第1章 绪　　论

双层同质与双层异质铺装结构形式的发展,主要有"单层浇注""双层浇注""双层环氧""双层高强 SMA""下层浇注+上层环氧""下层浇注+上层反应性树脂混凝土""下层 FRP+上层反应性树脂混凝土"。

1.2.1 "单层浇注"铺装结构

"单层浇注"铺装结构是一种单层同质铺装结构,其主要材料为浇注式沥青混凝土。"单层浇注"铺装体系组成为:100μm 环氧富锌漆防锈层、可溶性橡胶沥青或者 Bostik9225 黏结剂、1.5~3mm 厚的橡胶改性沥青胶粉防水层、47mm 浇注式沥青混凝土或沥青玛蹄脂、最大粒径小于14mm 的压入预拌火成岩,如图1-1 所示。

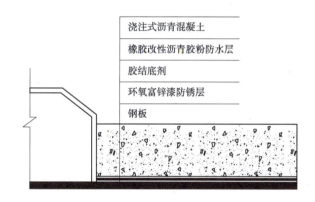

图1-1　"单层浇注"铺装结构示意图

1.2.2 "双层浇注"铺装结构

"双层浇注"铺装结构是一种双层同质铺装结构,其主要材料是聚合物改性沥青浇注式混凝土。"双层浇注"铺装体系组成为:60~80μm 环氧富锌漆防锈层、2mm Eliminator 防水黏结层、2.5~3cm 聚合物改性沥青浇注式混凝土铺装下层、2.5~3cm 聚合物改性沥青浇注式混凝土铺装上层,如图1-2 所示。

1.2.3 "双层环氧"铺装结构

"双层环氧"铺装结构是一种双层同质铺装结构,其主要材料环氧沥青混凝土具有优异的高低温稳定性及抗疲劳性能等。"双层环氧"铺装体系组成为:60~80μm 环氧富锌漆防锈层、$0.68L/m^2 \pm 0.05L/m^2$ 环氧沥青或环氧树脂黏结层、

2.5~3cm 环氧沥青混凝土铺装下层、0.45L/m² ±0.05L/m² 环氧沥青或环氧树脂黏结层与 2.5~3cm 环氧沥青混凝土铺装上层,如图1-3所示。

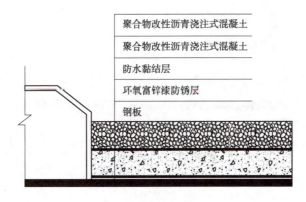

图1-2 "双层浇注"铺装结构示意图

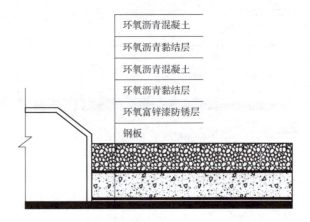

图1-3 "双层环氧"铺装结构示意图

1.2.4 "双层高强沥青SMA"铺装结构

"双层高强沥青SMA"铺装结构是一种双层同质铺装结构,其主要材料是高强沥青混凝土。"双层高强沥青SMA"铺装体系组成为:60~80μm 环氧富锌漆防锈层、0.4~0.6L/m² 环氧树脂黏结层、2.5~3cm 高强沥青混凝土铺装下层、聚酯玻纤布和高强沥青组合的防水黏结抗裂层、2.5~3cm 高强沥青混凝土铺装上层,如图1-4所示。

第1章 绪 论

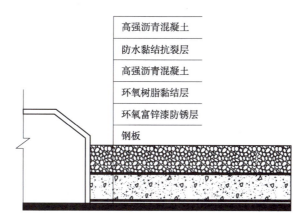

图 1-4 "双层高强沥青 SMA"铺装结构示意图

1.2.5 "下层浇注 + 上层环氧"铺装结构

"下层浇注 + 上层环氧"铺装结构以浇注式沥青混凝土作为桥面板保护层,以疲劳性能优异的环氧沥青混凝土作为上面层来提供路用性能。浇注式沥青混凝土对钢板的变形追从性较好,并且其模量比环氧沥青混合料低,因此浇注式沥青混凝土相当于一个应力吸收层,有利于降低铺装表面应变。"下层浇注 + 上层环氧"铺装体系组成为:防锈底漆、甲基丙烯酸树脂或者 $0.4L/m^2$ 二阶环氧树脂反应性黏层、3~3.5cm 浇注式沥青混凝土铺装下层、环氧沥青黏结层、2.5~3cm 环氧沥青混凝土铺装上层,如图 1-5 所示。

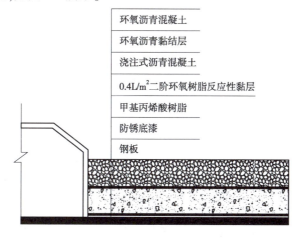

图 1-5 "下层浇注 + 上层环氧"铺装结构示意图

1.2.6 "下层浇注+上层反应性树脂混凝土"铺装结构

"下层浇注+上层反应性树脂混凝土"铺装结构是双层异质铺装结构,铺装体系组成为:防锈底漆、Eliminator防水黏结层、2.5~3.0cm聚合物改性沥青浇注式混凝土铺装下层、反应性树脂黏结剂、3cm反应性树脂混凝土RRC10铺装上层,如图1-6所示。

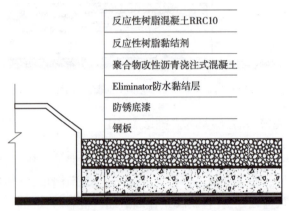

图1-6 "下层浇注+上层反应性树脂混凝土"铺装结构示意图

1.2.7 "下层FRP+上层反应性树脂混凝土"铺装结构

"下层FRP+上层反应性树脂混凝土"铺装结构是双层异质铺装结构,铺装体系组成为:防锈底漆、纤维复合材料黏结剂、3.0cm纤维增强复合材料FRP铺装下层、反应性树脂黏结剂、2.5~3cm反应性树脂混凝土RRC10铺装上层,如图1-7所示。

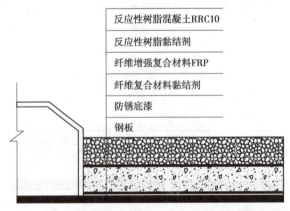

图1-7 "下层FRP+上层反应性树脂混凝土"铺装结构示意图

第 1 章 绪 论

1.2.8 铺装结构各层特点

钢桥面沥青铺装多以双层铺装结构方案为主,其优点在于明确划分各层的功能,从而对各层材料分别进行设计,充分发挥材料潜力,较好地满足铺装工作要求。其主要特点如下:

(1)铺装结构上层:磨耗层,直接与车轮接触,应为高速行驶的车辆提供安全行驶所必需的足够抗滑性能,并提供平整的路面,以满足行驶舒适性要求。考虑到钢箱梁及正交异性钢桥面板的温度、荷载与变形特性,还应具有很强的抵抗负弯矩的能力,有良好的抗疲劳强度与高温稳定性。

(2)铺装结构下层:与上层结构一起承受荷载的作用,与钢板及铺装层形成整体结构;同时作为保护层分散荷载,将钢桥面板不平整部分加以整平;使铺装与钢桥面板紧密联结一致,兼具防水作用。

(3)联结层:防水黏结层,防止水分侵入以保护钢桥面板,将钢桥面板及铺装层充分黏结,提供足够的附着力以抵抗温度变化、重车制动所引起的剪力。与铺装层共同作用,形成对钢板具有良好追从性的铺装结构。

1.3 江阴大桥钢桥面铺装 17 年维养主要工作内容

1.3.1 江阴大桥铺装层维养机制研究与总结

结合江阴大桥铺装层维养与修复实际工程,对铺装日常使用过程中的调查内容、调查方式、检测频率、病害预警模型等进行研究,为江阴大桥铺装层维养系统的构建提供基础调研数据。

1.3.2 江阴大桥铺装病害类型与产生机理研究

通过江阴大桥铺装服役性能现场调研,分析总结钢桥面不同类型铺装的早期与使用期间的典型病害类型、特点及产生机理[20-26],为江阴大桥钢桥面铺装病害修复材料、工艺及使用性能评价提供基础。

1.3.3 江阴大桥铺装病害修复材料与工艺研究

基于江阴大桥钢桥面铺装主要病害的产生机理,对不同病害类型(裂缝、鼓包、坑洞)的修复材料性能提出指标要求,试验比选国内外多种裂缝修复、鼓包回填材料的性能,优选出适用于铺装的裂缝快速修复材料与鼓包坑洞回填修补材料。

对钢桥面铺装裂缝处治槽口形式选择、裂缝病害处治时间以及不同处治方法施工工艺、鼓包修复的回填修补工艺等进行研究,并通过现场试验验证修复材料与工艺适用性。

1.3.4　江阴大桥铺装大中修方案对比

对钢桥面铺装大中修的铺装维修方案进行技术对比,提出适宜江阴大桥的钢桥面铺装技术维修方案。

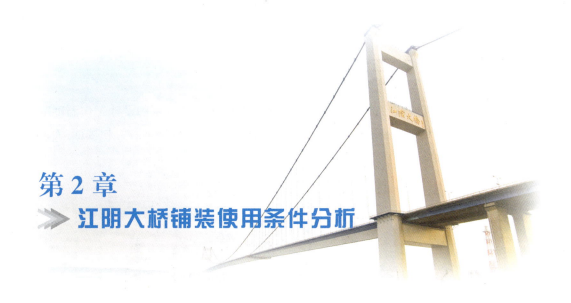

第 2 章 江阴大桥铺装使用条件分析

钢桥面铺装的使用条件主要包括:交通条件,如交通量、车型分布、超载比、超载量、轮迹分布系数以及累计轴载次数等;气候条件,如环境温度、降水量、雨水天数以及湿度等;构造条件,如桥型结构、箱梁结构尺寸等。

准确把握钢桥面铺装的交通、气候以及桥梁构造等使用条件,可为后续进行铺装层病害机理分析、修复材料优选、大中修铺装组合结构设计以及施工组织实施的研究提供必要的设计参数与依据。在病害机理分析过程中,涉及桥梁的交通荷载以及超载比例与数量等交通参数,还有桥梁形式与钢箱梁结构等构造特征。在铺装材料优选与性能改进方面,铺装层的工作温度范围是修复材料性能试验温度选取的重要依据。桥梁区域的降雨天数及分布直接影响到铺装施工实施过程的组织安排与质量保障。

2.1 气候条件分析

江阴市位于我国华东地区,江苏省南部,长江三角洲太湖平原北端,地处江尾海头、长江咽喉,历代为江防要塞,所及经纬度为东经 119°59′~120°34′30″,北纬 31°40′34″~31°57′36″。江阴市属北亚热带季风性湿润气候,四季分明,冬季阴冷潮湿间有寒流,夏季降雨集中酷热,春季阴湿多雨,秋季干旱。江阴大桥桥址在江阴市与靖江市之间,年平均气温在 16.7℃。本研究对 2009 年 1 月 1 日至 2016 年 12 月 31 日期间江阴市的气温数据进行了统计分析,如图 2-1 所示。

从图 2-1 可以看出,江阴市 2009~2016 年期间的最高气温为 40℃,发生在 2013 年 8 月 8 日;最低气温为 -9℃,发生在 2016 年 1 月 23 日。气温数据导入钢箱梁温度场仿真模型中进行分析,得出江阴大桥钢桥面铺装层的设计工作温度范围为 -15~70℃,这与江阴大桥钢桥面铺装实际温度范围 -15~73℃相接近,为铺装病害机理分析提供支撑。

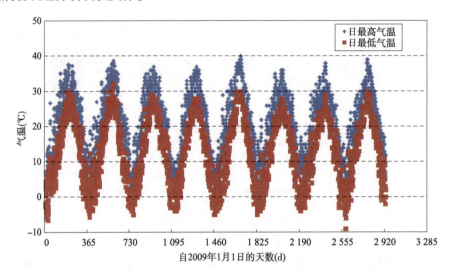

图 2-1　2009 年 1 月 1 日至 2016 年 12 月 31 日期间江阴市的日最高、最低气温

据气象信息资料,江阴市年平降雨量约 1 040.7mm。降水季节分布:春季 12%~14%,夏季 60%~70%,秋季 17%~19%,冬季 3%~5%。月降水变化尤大,如图 2-2、图 2-3 所示。

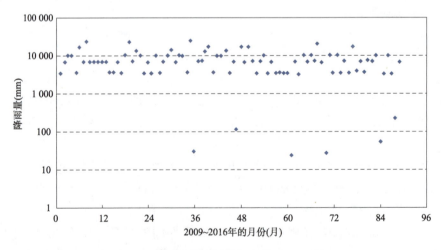

图 2-2　2009~2016 年期间江阴市的月降雨量分布图

第 2 章 江阴大桥铺装使用条件分析

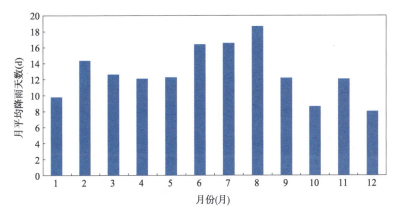

图 2-3 2009～2015 年江阴市各月平均降水天数统计

根据图 2-2 和图 2-3,对江阴大桥区域降雨状况的统计和分析,要求桥面铺装材料应具有良好的水稳定性,并且要求桥面铺装体系具有完善的防水结构体系。此外,为保证良好的使用性能,钢桥面铺装宜在夏季高温季节施工,因此拟定桥面铺装施工的时间区间为 4～10 月,但根据图 2-3 对江阴市各月降雨天数的统计,该地区高温季节降雨集中(8 月平均降雨 18.7d),这将导致桥面铺装施工的有效工期大为缩短,也给施工组织与施工质量控制带来一定的困难。

2.2 交通条件分析

通过江阴大桥收费站的统计数据来看,江阴大桥铺装运营 17 年以来交通量的变化规律如图 2-4 所示。

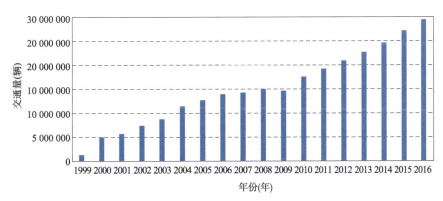

图 2-4 江阴大桥 17 年交通量统计

从图2-4来看,江阴大桥的年交通量随着年份的增长总体上呈增长趋势。通车第二年即2000年江阴大桥的年交通量为500多万辆,到2016年江阴大桥的年交通量增长达到近3 000万辆。15年间,年交通量发生了近6倍的增长。17年间总交通量达到273 250 104辆。

2.2.1 车辆荷载

桥面铺装设计中以BZZ-100作为标准轴载,其设计指标如表2-1所示,汽车荷载的立面布置、平面尺寸和横向布置图如图2-5所示。

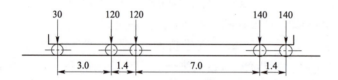

a)车辆荷载的立面布置(尺寸单位:m;力单位:kN)

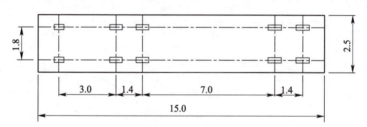

b)车辆荷载的平面尺寸(尺寸单位:m)

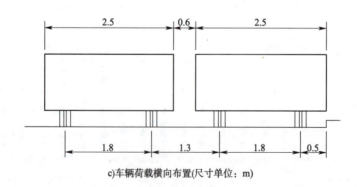

c)车辆荷载横向布置(尺寸单位:m)

图2-5 车辆荷载的立面布置、平面尺寸和横向布置图

第2章 江阴大桥铺装使用条件分析

车辆荷载的主要技术指标   表2-1

项　目	单位	技术指标	项　目	单位	技术指标
车辆重力标准值	kN	550	轴距	m	1.8
前轴重力标准值	kN	30	前轮着地宽度及长度	m	0.3×0.2
中轴重力标准值	kN	2×120	中、后轴着地宽度及长度	m	0.6×0.2
后轴重力标准值	kN	2×140	车辆外形尺寸(长×宽)	m	15×2.5
轴距	m	3+1.4+7+1.4			

考虑到未来可能出现严重的超载情况,故在铺装维修方案研究和设计中,应根据轴载谱确定设计超载比(超载车占同种车总数的百分比)和设计超载量(实际超载量占该车额定载重量百分比),确保其铺装层力学响应能满足江阴大桥的交通量作用。

2.2.2 轴载谱

轴载作用是车辆荷载对路面造成损坏的关键因素,而重载交通与车辆超载是大跨径钢桥面铺装设计研究中应充分考虑的现实问题,各种大型车辆的轴载作用会对大桥的铺装层产生很大的影响,故需仔细分析主桥车载的轴载组成,推算其桥面的累计当量轴载。

根据国内外的研究成果显示,对路面造成损坏的主要是2轴4轮以上的客车和货车,2轴4轮和4轮以下的车辆对路面损坏很小,可以不考虑这部分车辆的影响。2轴4轮以上的客车和货车可分为整车类、半挂车类和全挂车类。国内常见的2轴4轮以上的轴轮组合有单轴单轮、单轴双轮、双联轴双轮,如图2-6所示。

a)单轴单轮　　b)单轴双轮　　c)双联轴双轮

图2-6　2轴4轮以上车辆常见轴轮组合

车辆可以按照不同的轴轮类型分类,并按以下命名规则来命名:用数字表示轴数;字母"s"表示单轮,"d"表示双轮组;"+"表示轴之间的整体连接;"~"表示半挂连接;"-"表示全挂连接。目前,国内常见的货车车型有18种,对钢桥面铺装影响较大的重型车辆主要有1s+1d、1s+2d、1s+1d~1d、1s+1d~2d、1s+2d~2d,共5种车型,如图2-7所示,其轴轮组合由单轴单轮、单轴双轮、双联轴双轮构成。

· 19 ·

因此，分析大连南部滨海大道大桥的所有车型的轴载谱时只需分析单轴单轮、单轴双轮、双联轴双轮的轴载谱即可。

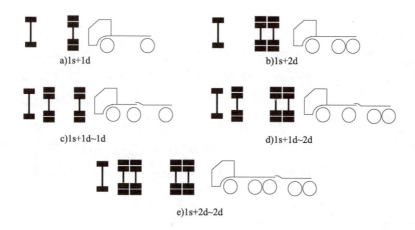

图2-7 常见重型车型示意图

利用轴载谱的方法可以更精确地分析交通荷载对路面的破坏作用，为确保桥面铺装质量，分析和考虑车辆活载对路面损坏的影响，根据江阴大桥相关预测资料绘制单轴单轮组、单轴双轮组、双轴双轮组的轴载谱，如图2-8所示。

根据轴载谱图计算设计超载比：我国公路运输部门规定单轴单轮、单轴双轮、双联轴双轮轴型限重分别为60kN、100kN、180kN。根据轴载谱图得出：单轴单轮轴载谱中轴重大于60kN轴重出现的频率为3.98%；单轴双轮轴载谱中轴重大于100kN轴重出现的频率为12.06%；双联轴双轮轴载谱中轴重大于180kN轴重出现的频率为33.80%。大桥轴载换算所取的标准轴载为140kN，由于不同轴载对桥面的破坏效果不同，对单轴单轮、单轴双轮、双联轴双轮轴型限重取权数分别为：60kN/140kN = 0.43，100kN/140kN = 0.71，180kN/140kN = 1.29，故设计超载比为：(3.98% × 0.43 + 12.06% × 0.71 + 33.80% × 1.29)/3 = 17.96%，取整得设计超载比为20%。

根据轴载谱图确定设计超载量：双联轴双轮轴型轴重最大，其超载量最明显，同时，轴重越大，其对桥面铺装结构的影响越大，设计超载量按双联轴双轮轴型的轴载谱图计算。

轴重为200kN的超载量为：(200 − 180) × 7.23% × 2/180 = 1.6%，其他轴重超载量如表2-2所示。

第2章 江阴大桥铺装使用条件分析

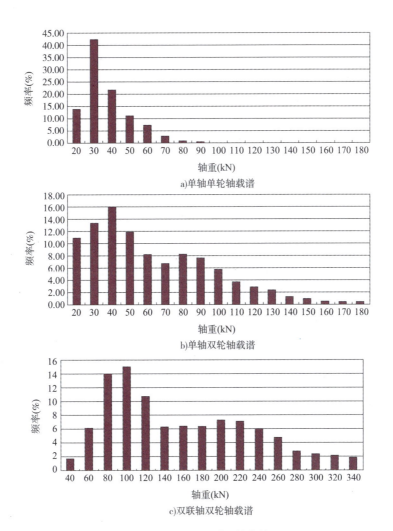

图 2-8 同类型桥梁典型轴载谱

设计超载量计算　　　　　　　　　　　　　　　表 2-2

轴重(kN)	200	220	240	260	280	300	320	340
超载量(%)	1.6	2.8	4.2	4.8	3.6	4.1	4.6	4.9
设计超载量(%)	30.6							

故设计超载量为 30.6%,取整为 30%。

根据轴载谱图最终确定大桥的设计超载比(超载车占同种车总数的百分比)为 20%,设计超载量(实际超载量占该车额定载重量百分比)为 30%。

2.2.3 累计轴载

依据所收集的各类车型交通量数据,根据实际通车车型与车次情况分析标准车轴作用累积次数,计算出江阴大桥钢桥面铺装服役17年间所经受的累积轴载次数如表2-3所示。

17年间通行重车换算成≥100kN的车轴数　　　　　　　　表2-3

车 型	大型或中型货车	大型货车	重型货车	特型货车	累计
各实际车型数(辆)	26 102 478	17 325 235	63 127 682	30 818	—
换算成中型标准车的系数	1.00	1.00	1.50	2.00	—
在15年内的中型标准车交通量(辆)	26 102 478	17 325 235	94 691 523	61 636	—
每种车型≥100kN的重车轴数(次)	1.00	2.00	4.00	2.00	—
每日汽车重车轴总数(次)	26 102 478	34 650 470	378 766 092	123 272	—
假设重型车辆沿四条外车道行驶,则每条车道的重型车辆车轴数(次)	6 525 620	8 662 618	94 691 523	30 818	—
假设70%车辆是满载(车轴数/车道)	4 567 934	6 063 833	66 284 066	21 573	—
假设二分之一车辆轴载集中于一条轮道上(车轴数/车道)	2 283 967	3 031 916	33 142 033	10 786	—
大客和特型货车不考虑超载,大货和重型货车按20%超载比、30%超载量计算换算,系数为(超载重/正常重)^4=1.3^4=2.86/次	2 283 967	6 276 067	68 604 008	10 786	77 174 828

从表2-3可以看出,17年间江阴大桥的累积轴载作用次数为77 174 828次,已经远远超过最初设计的1 200万次的设计轴载次数。根据交通量数据可以得出,江阴大桥铺装层在2009年年底已达到了1 200万次的设计轴载次数。

2.2.4 轮迹横向分布

车辆在桥面铺装层行驶时,车轮的轮迹总是在横断面中心线附近一定范围内左右摆动,总的轴载通行次数是按一定规律分布在车道横断面上,使某一断面的轴载作用效果更明显。如图2-9所示为预测的轮迹横向分布频率曲线,轮迹横向分布频率曲线中的直方图条带宽为25cm,大约接近轮迹宽度,整个轮迹宽度等于一条车道的宽度3.75m。

第2章　江阴大桥铺装使用条件分析

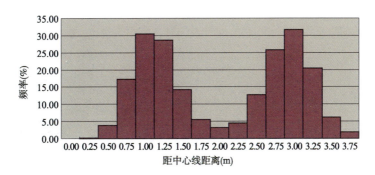

图2-9　轮迹横向分布频率曲线

由图2-9可见,行车道上由于行车的渠化,频率出现两个峰值,达到30%左右,而车道边缘处的频率很低。目前,我国的超载、重载现象依然存在,重载交通在铺装层表面某一区域的重复荷载作用,更加速了铺装层表面的破坏和车辙的形成,这就对桥面铺装层的强度和抗疲劳性能提出了更高的要求。

第3章 江阴大桥钢桥面铺装维养机制

自1999年江阴大桥钢桥面铺装采用单层浇注式沥青混凝土进行铺筑以来,17年间,铺装大中修主要采用了"双层浇注""下层浇注+上层环氧""双层环氧"的铺装结构结构。此外,还对"双层聚合物改性沥青浇注式""下层浇注+上层反应性树脂混凝土""下层FRP+上层反应性树脂混凝土"和"双层高强沥青SMA"等铺装结构进行了试验段式铺筑测试。

在17年运营期间的日常维养工作方面,江苏扬子大桥股份有限公司联同东南大学桥面维养技术团队定期对铺装层进行病害巡查、病害类型统计分析、制订适应的养护对策,以保障铺装的长期服役性能。

3.1 铺装大中修处治方案及使用情况

3.1.1 "单层浇注式沥青混凝土"铺装结构方案

单层浇注式沥青混凝土铺装结构方案是江阴大桥建设时引进于英国的成套铺装技术,该铺装方案在使用1年后即出现了开裂、车辙等病害问题,使用3年后即出现大面积病害进行翻修。铺装病害发展历程如下所示:

(1)1999年通车使用后不久,西侧由北向南的重车道上坡路段轮迹带上方部分U肋顶处铺装层出现少量裂纹。

(2)2000年夏季,该段桥面出现塑性变形。

第 3 章　江阴大桥钢桥面铺装维养机制

(3) 2001 年开春后,纵向裂缝不断增加的同时伴随少量横向裂缝的出现,到冬季,裂缝发展较为严重,范围已基本布满了重车道及部分中间车道。

(4) 2002 年冬季,大桥部分桥面铺装开始出现加速破坏的迹象,裂缝长度与宽度均增长较快。

(5) 2003 年开春后,由北向南的重车道和部分中间车道的铺装迅速出现大面积结构性破坏,开裂、碎块、推挤、脱胶等现象十分严重。

3.1.2　"下层浇注+上层环氧"铺装结构方案

鉴于单层浇注式沥青混凝土铺装结构方案在江阴大桥工程中使用 3~4 年内出现了大面积破坏,2003 年江苏省交通控股公司利用铺装局部维修机会,在重载交通最严重的北侧西幅 3 车道上选取了 417m 铺装段,对六个铺装方案(主要是双层浇注、下层浇注+上层环氧、双层环氧三个结构方案,在此基础上变换上下层厚度形成的六个铺装方案)进行了试验段铺筑,发现"下层浇注+上层环氧"和"双层环氧"铺装结构的使用状况要大大优于"双层浇注"铺装结构方案。于是 2004 年,在原有单层浇注式沥青混凝土铺装的基础上铣刨 30~35mm 后,加铺环氧沥青混凝土,其中 2004 年完成了西幅第 2/3 车道和东幅第 3 车道,2005 年完成了东幅第 2 车道,2010 年完成了双向第 1 车道。

由此可以看出,单层浇注式沥青混凝土铺装的主要破坏原因在于重载大交通量的作用,所以双向的行车道和慢车道均于 2004 年和 2005 年进行了重新翻修,而用于小客车行驶的双向的快车道服役了 10 年后再进行翻修重铺。

2004 年、2005 年分别完成的"下层浇注+上层环氧"铺装结构方案,在使用了 7 年后,有较大面积的网裂、坑洞病害,于 2011 年进行了大面积翻修。"下层浇注+上层环氧"铺装结构方案在使用 7 年间,彻底解决了"单层浇注"和"双层浇注"存在的车辙病害问题,但是仍然会出现开裂和坑洞病害。

3.1.3　"双层环氧"铺装结构方案

江阴大桥采用"双层环氧"铺装结构方案于 2011 年对西幅第 2/3 车道、2012 年对东幅第 3 车道、2013 年对东幅第 2 车道进行了翻修,最早翻修路段使用至今 6 年效果良好,仅存在一些裂缝和小面积的坑洞病害。铺装服役期间,江苏扬子大桥股份有限公司和东南大学铺装维养技术团队对铺装进行了定期的日常养护工作,有效保证了铺装层的使用寿命,较好地延缓了铺装病害的发展。

3.1.4 其他铺装结构方案

江阴大桥曾采用"双层聚合物改性沥青浇注式""下层浇注+上层反应性树脂混凝土""下层FRP+上层反应性树脂混凝土"和"双层高强沥青SMA"铺装结构方案,在使用1~2年后均出现了一定的问题,如反应性树脂混凝土使用1年后即发生坑槽、推移、网裂、孔洞和析出物病害;FRP使用2个月后出现黏结脱层的崩溃式破坏;双层聚合物改性沥青浇注式混凝土裂缝、推移问题;双层高强沥青SMA使用半年后出现裂缝,一年后出现松散脱落病害。具体病害图片如图3-1~图3-4所示。

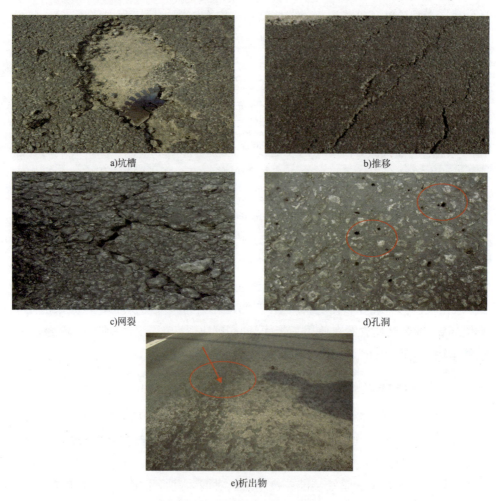

图3-1 反应性树脂混凝土病害情况

第3章　江阴大桥钢桥面铺装维养机制

图 3-2　FRP 病害情况

图 3-3　聚合物改性沥青浇注式混凝土病害

图 3-4　高强沥青 SMA 病害

综上所述，江阴大桥大修结构方案中，仅"下层浇注 + 上层环氧"和"双层环氧"铺装结构在重载大交通量作用下使用年限超过了 5 年，服役性能表现良好，其余铺装结构均存在一定的问题，在铺筑不久后即重新铣刨摊铺，说明"下层浇注 + 上层环氧"和"双层环氧"铺装可以有效适应于重载大交通量的大跨径悬索桥型结构，也为在建和规划建设的大交通量、大跨径悬索桥型钢桥铺装设计提供了借鉴和经验。

3.2 铺装日常养护依据

在江阴大桥钢桥面铺装的日常维养巡视检查工作中,主要调查内容包括破损状况调查、平整度测试、铺装抗滑性能等[27,28]。本研究中,重点对铺装层破损状况调查进行介绍。

江阴大桥钢桥面铺装层的破损状况调查,在参照普通沥青路面的相关调查方法与评价技术指标(综合破损率DR)的基础上,采用人工询查检测并对破损的病害铺装进行拍照备份。对于未发生任何破损的桥面铺装层,检测频率为每月一次;一旦发现铺装层出现裂缝等病害后,检测频率加强为每两周一次,并且立刻进行现场密封处理。

目前,国内外没有钢桥面铺装的养护技术规范或指导手册。因此,东南大学桥面铺装维养技术团队在以往研究成果的基础上,确定江阴大桥钢桥面铺装的健康维护调查依据为:

(1)《公路技术状况评定标准》(JTG H20—2007)。
(2)《高速公路养护质量检验评定》(DB 32/T 944—2006)。
(3)《公路养护技术规范》(JTG H10—2009)。
(4)《公路养护工程管理办法》。
(5)《公路沥青混凝土路面养护技术规范》(JTJ 073.2—2001)。
(6)《高速公路养护质量检评与新技术规范应用手册》。
(7)《江阴大桥钢桥面铺装养护大纲》(试行版)。
(8)《环氧沥青混凝土钢桥面铺装养护技术》(内部资料)。

3.3 调查方式

根据以往的健康维护调查经验,江阴大桥钢桥面铺装维养系统采用预警机制与人工调查相结合的方式。根据桥面铺装的使用条件与环境(天气、交通状况等)、各车道运营状况以及由健康维护调查分项报告,建立预警模型;根据每月调查汇总结果,分析预警模型参数,确定下次调查深度与调查频率,而后再进行现场人工巡回检查。人工巡回调查采用单幅车道整体扫描式调查,即通过封闭需要调查的车道,委派调查人员从车道一端对该车道进行完整的巡回检查,并对该车道具体使用状况做详细的记录。

考虑到大部分修复材料的修复效果受水分影响较大,因此一般情况下健康维护调查均安排在晴朗天气时进行,避免水分对修复材料黏结强度的影响。同时,考虑到江阴地区每年的5~7月为梅雨季节、8~10月降雨量也较多,课题组一方面适时加大健康维护的频率,尽早控制住病害;另一方面积极寻找适用于潮湿状态的修复材料,对梅雨季节内一旦出现的坑洞破坏进行及时的修复,避免病害加剧,确保了桥面铺装的使用性能。

根据《公路养护工程管理办法》以及养护过程中的不同预警结果,将调查深度划分为以下三种:

3.3.1 一般巡查

派员对所调查车道进行较快速度的行走式调查,主要调查有无明显的新发展病害或有无修复后又继续发展并加剧的病害,记录病害情况与位置,总耗时(1~2)h/车道。根据出现的病害严重程度,采取适当的维修措施。

3.3.2 中度检查

派员对所需调查的车道进行中等速度行走式调查,主要调查病害的形式与发展程度,记录较为严重的病害情况并做适当处理,总耗时(2~3)h/车道。

3.3.3 详细调查

派员对所调查的车道进行详细、认真的地毯式检查,记录所有出现的病害情况并及时处理,总耗时大于3h/车道。

此外,若预警结果超出正常范围,必须根据预警参数值增加调查维护频率。

3.4 预警模型

钢桥面铺装养护调查预警模型是为及时理解钢桥面铺装病害发展趋势而制定的钢桥面铺装巡回调查与维护模型。钢桥面铺装养护调查预警模型通常由两参数组成,简单表示为如下公式:

$$W_y = f[T_y, l(y, y-1)] \tag{3-1}$$

式中：W_y——第 y 月预警；

T_y——第 y 月新产生的裂缝总长(cm)；

$l(y, y-1)$——裂缝增长因子,第 y 月裂缝总长与第 $y-1$ 月裂缝总长比值。

建立桥面铺装养护调查与维护预警模型后,根据上月新增裂缝总数以及裂缝增长率来判别下次铺装养护与维护频率或调查深度。

根据大量的统计数据以及日常养护管理经验,对环氧沥青混凝土钢桥面铺装调查预警模型做如下说明：

当 $l_{(y,y-1)} \geq 2.5, T_y \geq 2\,000$ 时,必须进行至少 3 次以上的详细调查；

当 $l_{(y,y-1)} \leq 2.5, T_y \geq 2\,000$ 时,必须进行至少 2 次以上详细调查；

当 $l_{(y,y-1)} \geq 1, T_y \leq 2\,000$ 时,必须进行 2 次以上中度调查；

当 $0.9 \leq l_{(y,y-1)} \leq 1.0$ 时,必须进行至少 1 次以上的中度调查；

当 $l_{(y,y-1)} \leq 0.9$ 时,必须进行至少 1 次以上的一般巡查。

3.5 历年铺装日常病害统计分析

3.5.1 铺装破损率

根据历年调查数据,对整桥铺装的铺装破损率数据进行了统计分析,如图 3-5 所示。

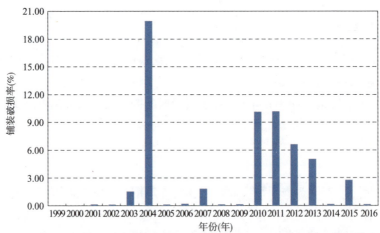

图 3-5　整桥铺装的铺装破损率随年份变化关系图

注：图中破损面积按修补面积计算,铺装实际破损率较图中数据更小。

第 3 章　江阴大桥钢桥面铺装维养机制

数据显示,2003 年,由于在大桥西幅北侧 3 车道内进行试验段的修筑,导致铺筑铺装破损率有所增加。2004 年,浇注式沥青混凝土铺装层表面车辙和坑槽病害严重,已逐渐影响到车辆正常通行,故大桥管理者逐步对西幅和东幅各 2 个车道进行铣刨重铺,因此 2004 年的铺装破损率高达 20%。在此之后的 5 年时间里,铺装破损率一直保持在较低水平,说明 2004 年铣刨重铺效果明显,铺装层的各类病害均得到了有效控制。2007 年的铺装破损率较高,是因为 2003 年在大桥西幅北侧 3 车道内铺筑的试验段出现问题,需要对其进行重新修复。到 2009 年年底,"上层环氧+下层浇注"的铺装模式已不再适应交通需求,铺装层表面裂缝病害严重。因此从 2010 年开始,一直到 2013 年,逐步对大桥各个车道进行翻修,全部车道换成双层热拌环氧沥青混凝土。至此,所有铣刨重铺路段均已得到修复,2014 年的铺装破损率数据可以很好地说明这一问题。2015 年,西幅 2 车道进行局部维修,因此铺装破损率相比 2014 年增幅较大。

另一方面,通过桥面铺装破损率数据还可以看出,除对整个车道进行铣刨重铺时道路的破损率较大外,其他时间段内的桥面铺装破损率最大仅为 2.71%,说明江阴大桥钢桥面铺装层日常维养技术较为完善,多年的环氧铺装养护技术在江阴大桥中得到了成功应用。

3.5.2　病害类型及数量分析

通过对江阴大桥环氧铺装使用状况的长期动态跟踪观测可知,铺装所产生的病害类型主要有:横向裂缝、纵向裂缝、斜裂缝、网状裂缝、人字缝、坑槽、车辙以及外伤等。

根据养护调查资料,对 1999～2016 年江阴大桥铺装病害数量进行统计发现,各类病害中,裂缝类病害占到总病害数量的 90% 以上,其余主要表现为坑槽等病害。因此,裂缝和坑槽是桥面铺装使用性能与耐久性面临的最主要的病害类型,其病害总数量如图 3-6 所示。

由上图可知,江阴大桥病害数量整体上表现出折线上升的趋势。1999～2004 年,江阴大桥桥面铺装采用浇注式沥青混凝土,主要病害类型为车辙和坑槽,裂缝类病害较少,所以病害总体数量相比 2005 年之后明显偏小。同时可以观察到,1999～2002 年间,病害数量在逐渐上升,而且速度越来越大,符合病害发展规律。2003 年和 2004 年,病害数量锐减,主要是由于江阴大桥对病害严重区域进行铣刨重铺,各种病害类型均已得到有效控制。

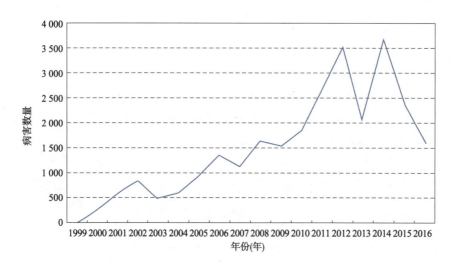

图 3-6　江阴大桥病害数量示意图

2005～2016 年,桥面铺装模式采用"下层浇注 + 上层环氧"和"双层环氧",表面层均为环氧沥青混凝土,此时桥面铺装病害以裂缝和后期发展而来的坑槽为主,病害数量有较大幅度增长。2005～2010 年,病害数量缓慢增长,中间部分年份稍微有所下降,主要是由于在雨水的侵蚀和交通荷载不断作用下,裂缝逐渐发展为坑槽。2010 年之后,桥面铺装模式逐步改为"双层环氧",铺装层裂缝病害表现得更为突出,因此数量增长速率也越来越大。2013 年,江阴大桥各个车道铺装层已全部换成双层环氧,裂缝数量得到控制。但在 2014 年,部分修复后的裂缝出现二次病害,导致数量又重新上升。2015 年病害总数不增反减,并非病害情况有所好转,而是因为多条裂缝发展成了坑槽,破损区域日益严重。

3.5.3　病害位置分布情况

通过调查可知,江阴大桥上、下游车道病害存在较大差异。上游车道由于交通量较大、轴载重,其损毁程度远超下游车道路面状况。图 3-7 显示了上、下游车道病害数量分布情况。

由上图可知,从 1999 年至 2016 年,每年上游病害数量均超过下游病害数量,17 年间上游病害数量共计比下游多出 6 832 条,占下游总数量的 78.3%,可见环氧沥青铺装在上、下游之间病害数量相差很大,铺装病害主要出现在由北向南的慢车道中。这是由于北向南慢车道重载货车比例大,铺装容易形成开裂,在雨水侵蚀下,混合料发生松散,从而形成一定面积的坑槽破坏。为了有效遏制铺装病害的进一步发展,保障桥梁正常通行效率,有必要对北向南慢车道的破损铺装进行修复处治。

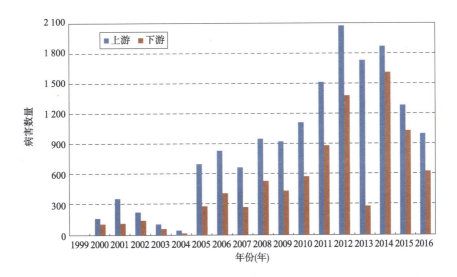

图 3-7　江阴大桥上下游病害数量示意图

3.5.4　裂缝类病害分类情况

调查发现,裂缝类病害是江阴大桥最主要的病害形式,严重降低了桥面铺装的使用状况与耐久性能,因此有必要专门针对裂缝类病害进行统计分析。在裂缝类病害中,主要包括横向裂缝、纵向裂缝、网状裂缝、斜裂缝、人字缝,各自所占的数量列于图 3-8 中,裂缝长度变化趋势如图 3-9 所示。

由图 3-8 可知,在江阴大桥裂缝类病害中,纵向裂缝是最主要的破坏形式,比其余四种裂缝的总和还要多 11 276 条,其次是横向裂缝、斜裂缝和人字缝。网状裂缝的数量所占比例最小,除 2014 年数量有所增加外,基本保持在一个稳定水平。2003 年之前,由于桥面铺装采用浇注式沥青混凝土,裂缝类病害数量较少,但病害数量也呈现逐年增长的趋势,符合病害发展规律。2005 年之后,桥面铺装层表面为环氧沥青混凝土,裂缝类病害数量增加,但由于病害检查及时、养护措施得当,各种类型裂缝数量增长缓慢,后期基本稳定在一定数值范围内。

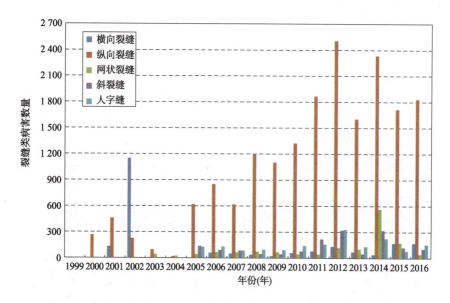

图 3-8　江阴大桥裂缝类病害数量示意图

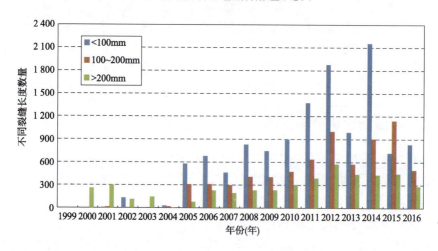

图 3-9　江阴大桥裂缝类病害长度分布图

从图 3-9 可以看出：2004 年之前，病害类型不以裂缝为主，故裂缝长度发展规律并不明显。而 2005 年之后，裂缝长度以小于 100mm 的为主，其次是位于 100～200mm 区间内，而大于 200mm 的裂缝数量最少。并且从 2007 年开始，100～200mm 之间的裂缝数量稍有波动，但基本保持一个缓慢上升的趋势；同时大于 200mm 的裂缝数量与之类似，也基本处于逐步增加的状态，这符合一般裂缝长度变

第3章 江阴大桥钢桥面铺装维养机制

化的发展规律。2014年之后,江阴大桥铺装层全部改为"双层环氧",破损区域也得到有效维修,因此不同长度的裂缝数量均有所下降。

3.5.5 铺装破损总面积情况

调查发现,江阴大桥自1999年9月通车以来,共历经了三种铺装模式:1999~2003年,浇注式沥青混凝土;2004~2010年,上层环氧沥青混凝土+下层浇注式沥青混凝土;2011~2016年,双层环氧沥青混凝土。由于铺装模式不同,桥面铺装层所表现出的病害类型也有所不同。在第一种铺装模式下,桥面的坑槽和车辙病害较为严重;在第二种和第三种铺装模式下,裂缝病害最为严重,但随着交通荷载和雨水的作用,裂缝会逐步扩展,后期将演变成坑槽病害。根据历年调查数据,对铺装层破损维修总面积进行统计分析,相关数据如图3-10所示。

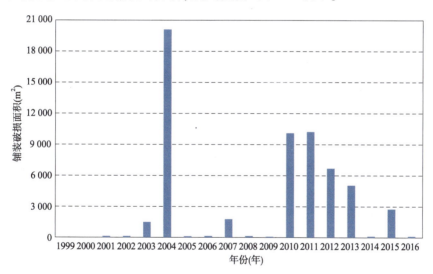

图3-10 江阴大桥铺装破损面积随年份变化关系图

对上图分析可知,从1999年到2016年这18年的时间里,桥面铺装破损总面积较高的年份有2003~2004年、2007年、2010~2013年和2015年。由图3-10分析可知,每一次铺装破损面积有较大增长时,均伴随着对部分桥面铺装层的铣刨重铺。而且我们还可以看到,每次大修之后的几年时间里,铺装破损面积都保持在一个较低状态,桥面铺装破损总面积最高不超过200m²,破损率不到0.2%,这说明在这些年份里,大桥铺装层服役性能良好,各类病害均得到有效控制。

江阴长江大桥 钢桥面铺装养护维修技术

　　江阴大桥自 1999 年通车到 2016 年年底,在 17 年运营期间内,江阴大桥铺装层温度范围区间为 $-10 \sim 65$℃,与设计温度区间范围基本一致。17 年总交通量达到 273 250 104 辆。在如此严峻的极端高低温气候环境以及远大于设计交通量的荷载作用下,江阴大桥铺装层在设计寿命期间内因坑槽、车辙和裂缝等病害直接导致的破损总面积为 4 628.72m^2,占铺装总面积的 4.46%。

第4章 江阴大桥钢桥面铺装典型病害分类

4.1 浇注式沥青铺装典型病害

江阴大桥钢桥面铺装曾采用过单层沥青玛蹄脂铺装和双层聚合物改性沥青浇注式混凝土,在重载大交通量作用下,出现了纵向裂缝、横向裂缝、车辙、坑槽、推移、脱层等病害现象。

4.1.1 裂缝

江阴大桥1999年通车,经历3年的使用期后,产生了严重的裂缝,包括横向开裂、纵向开裂及网状开裂,裂缝位于行车道两侧轮迹带的U形肋肋顶与横隔板上方的铺装中。如图4-1所示。

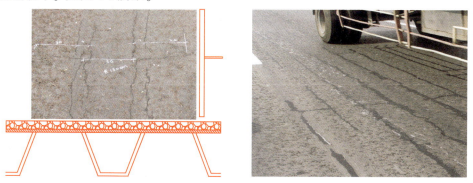

图4-1 江阴大桥浇注式沥青混凝土铺装典型裂缝病害

4.1.2 车辙

车辙是江阴大桥钢桥面浇注式沥青混凝土铺装另一种主要病害形式。如图 4-2 所示。2003 年上游侧(靖江—江阴方向)的车辙深度大于下游侧(江阴—靖江方向),上坡段的车辙深度大于下坡段,最大车辙深度位于靖江—江阴方向自北桥塔起第 24 根吊杆附近慢车道的右侧轮迹带中,车辙深度约有 2.8cm,超过原始设计铺装层厚度的一半。

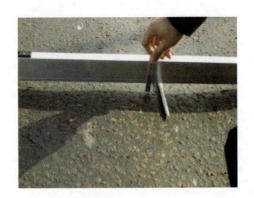

图 4-2　江阴大桥浇注式沥青混凝土铺装车辙病害

4.1.3 坑槽

坑槽一般与材料自身性能以及对裂缝、鼓包等病害没有及时维护有关,如沥青混合料空隙率过大、抗水损害能力不足以及产生裂缝后未及时维修等原因而导致坑槽的出现。江阴大桥钢桥面铺装坑槽病害如图 4-3 所示。

4.1.4 脱层、推移

脱层破坏的出现主要和黏结层强度以及铺装层材料的高温稳定性有关。如果黏结层强度较低,或黏结层施工不当,则容易脱层。如果铺装层材料的高温稳定性较差,则在水平力的作用下容易失稳,从而形成推移和拥包病害。江阴大桥钢桥面铺装脱层推移病害如图 4-4 所示。

第 4 章　江阴大桥钢桥面铺装典型病害分类

图 4-3　江阴大桥浇注式沥青混凝土铺装坑槽病害

图 4-4　江阴大桥浇注式沥青混凝土铺装脱层病害

4.2　环氧沥青铺装典型病害

江阴大桥钢桥面铺装曾采用过"下层浇注+上层环氧"和"双层环氧",表面层均为环氧沥青混凝土,铺装出现过纵向裂缝、横向裂缝、龟裂、坑槽等病害现象,但从未出现过浇注式沥青混凝土的车辙病害现象。

4.2.1　纵向裂缝

在江阴大桥环氧铺装层中发现在其桥面铺装出现纵向开裂,如图 4-5 所示。根据大量的室内力学分析结果可知,正交异性钢桥面板铺装层的最大拉应力(拉应变)均出现在铺装层表面,横向最大拉应力位于梯形加劲肋肋顶和纵隔板顶的铺装层表面附近区域,而纵向最大拉应力位于横隔板顶部的铺装层表面,因此在纵向加劲肋顶部和纵隔板顶部铺装层表面易出现纵向开裂,横隔板顶部铺装层表面易出现横向开裂[10-13]。

4.2.2　横向裂缝

在江阴大桥铺装层中还出现了一些横向裂缝,此类横向裂缝一般位于横隔板附近,但是数量随着使用年限的增加是趋于稳定的。横向裂缝的发生与桥梁结构受力关系较大,典型图片如图 4-6 所示。

图 4-5 江阴大桥钢桥面环氧铺装典型纵向开裂病害　　图 4-6 江阴大桥钢桥面环氧铺装横向裂缝病害

4.2.3 不规则裂缝

环氧沥青混凝土铺装会出现如图 4-7 所示的不规则裂缝。不规则裂缝中包括斜裂缝与网状裂缝等。此类裂缝多出现在行车道轮迹带附近，较少发生在紧急停车带，说明不规则裂缝的出现与行车荷载作用有关。

图 4-7 江阴大桥钢桥面环氧铺装典型不规则裂缝

4.2.4 坑槽

坑槽是指环氧沥青混凝土铺装发生开裂后未经处治，在雨水渗透作用下，沥青黏结效果失效，混合料松散，演变成铺装坑洼[14-22]。如图 4-8 所示的是铺装坑槽病害。

第4章 江阴大桥钢桥面铺装典型病害分类

4.2.5 外伤

外伤是指环氧沥青混凝土铺装由于过往车辆上硬物掉落铺装表面对铺装表面的冲击与破损,或由于车祸等问题导致的硬物在铺装层表面形成的划痕。如图4-9所示的是由于硬物掉落等导致的铺装表面磨损。

图4-8 铺装坑槽病害

图4-9 铺装层表面外伤

4.2.6 火灾

铺装火灾病害是指行驶在铺装表面的车辆由于不可抗力因素而发生自燃或者货物燃烧,从而影响到铺装表面,形成铺装燃烧、沥青老化等病害问题,如图4-10所示。

图4-10 江阴大桥铺装火灾病害

破坏状况分两种类型:

第一类为表面过火:表现为未露粗集料,部分小于0.3mm细集料已烧蚀并造成麻面,位置在第三车道(中塔至北塔19索-4~20索-1),面积约3m²。

第二类为过火较严重：表面已露 4.75mm 以上粗集料且部分集料掉落，深度达 1cm 以上（未触及浇注层），出现纵向裂缝、网状裂缝。

4.3　小结

将环氧铺装病害按照建设期与运营期两类发生时间来进行分类，可以得出如下结论：

(1)铺装建设期中施工不当所造成的铺装早期损坏包括表面鱼尾裂纹、混合料结块皮料以及混合料脱落等。

(2)铺装运营使用期中发生的铺装病害包括纵向裂缝、横向裂缝、不规则裂缝、坑槽、外伤、火灾病害等。

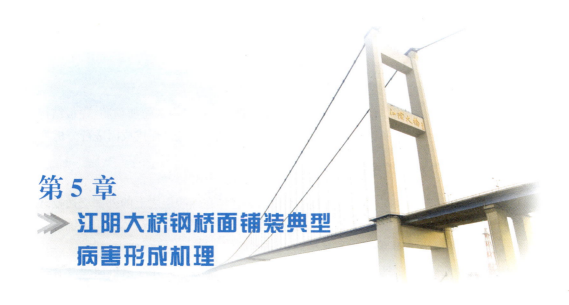

第 5 章 江阴大桥钢桥面铺装典型病害形成机理

从江阴大桥钢桥面铺装服役状况来看，裂缝、车辙、坑洞是铺装不可避免的主要破坏形式。为了更好地提升铺装修复效果，对铺装典型病害形成机理开展研究，建立铺装修复材料与工艺的指标要求，是非常有必要的。本章针对江阴大桥钢桥面铺装的裂缝、车辙、坑洞以及火灾等病害形成机理进行研究。

5.1 裂缝类病害形成机理

根据第 4 章的大桥铺装病害统计资料可以看出，江阴大桥钢桥面浇注式铺装和环氧沥青混凝土铺装的裂缝病害大体可分为两大类：

（1）钢箱梁结构相关性疲劳裂缝：一般出现在正交异性板纵向加劲肋、横隔板或者纵隔板顶部铺装层中的裂缝。从外形上看，此类裂缝一般为单条纵向裂缝或者多条平行分布的直线或者呈"井"字形分布的裂缝，这些裂缝一般分布在行车道轮迹附近。裂缝出现初期，一般为单条裂缝，与桥面纵向平行，且位于行车轮迹附近。在车轮垂直作用下，纵向加劲肋腹板顶部的铺装层出现规则的纵向裂缝，纵向加劲肋腹板顶部出现 2 条裂缝，间距约为 7cm；平行裂缝的间距为 30cm 左右，恰好为纵向 U 形加劲肋上口的宽度。除了纵向裂缝之外，在轮迹附近的横隔板顶部有横向疲劳裂缝出现，横向裂缝从行车轮迹下纵向裂缝处产生，并向外辐射。

（2）不规则的裂缝：此类裂缝一般会出现在行车道上，较少出现在停车带或者检修道上，说明此类裂缝的出现与行车荷载作用有关。

上述两类裂缝病害中,结构相关性疲劳裂缝与钢箱梁内部的加劲肋、隔板结构有很大关联,为此采用有限元仿真模拟的方式,对此类裂缝的形成成因进行分析。

5.1.1 有限元计算模型

钢桥面沥青铺装层裂缝产生的直接原因是施加在铺装层之上的外部交通及环境荷载引起的应力超过了铺装材料的抗裂强度。以下将从车辆荷载作用下铺装层受力状态进行结构相关性裂缝开裂机理的研究。

仿真计算过程中选取箱梁节段进行力学分析,得出正交异性钢桥面板复合结构模型,而后在铺装最不利响应荷载位置,即双轮荷载间隙中心落在加劲肋侧肋中心正上方施加荷载进行计算,仿真模型和结果云图如图 5-1 所示。模型几何尺寸如表 5-1 所示。

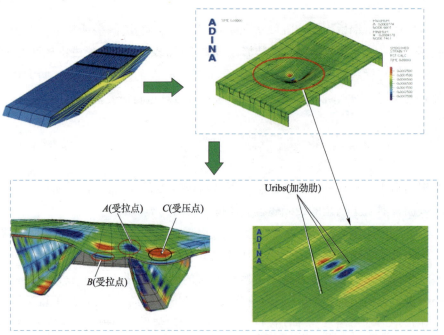

图 5-1 钢桥面铺装仿真模型及结果云图

仿真计算中遵从如下三个假设[23]:
(1)正交异性钢桥面板铺装体系为均匀、连续和各向同性弹性材料的完整体系。
(2)以不同摩擦系数来表征铺装层与钢桥面板之间不同黏结条件。
(3)利用单元的生死功能考虑铺装层与正交异性板的工况及自重。

第 5 章 江阴大桥钢桥面铺装典型病害形成机理

典型正交异性板模型尺寸汇总(单位:mm)　　　　表 5-1

顶板板厚		12	底板及斜腹板板厚		10
横隔板板厚		10	横隔板间距		3 200
顶板 U 形加劲肋	上口宽	300	底板 U 形加劲肋	上口宽	500
	下口宽	169.3		下口宽	180
	高	280		高	250
	间距	600		间距	990
	板厚	6		板厚	6

5.1.2　仿真结果

完全连续条件下铺装层表面横向拉应力分布情况见图 5-2。图 5-2 表明完全连续条件下拉应力的最大值和极大值均出现在轮迹附近的纵向加劲肋腹板顶部。因此在行车荷载的反复作用下,拉应力极值附近区域必然会先于其他区域产生疲劳裂缝。这与实际铺装层表面出现的钢箱梁结构相关性疲劳裂缝的出现规律是一致的。

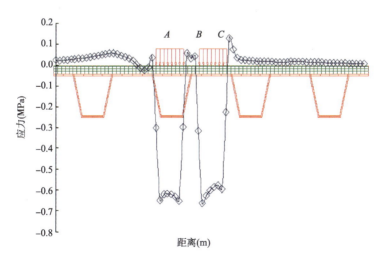

图 5-2　最不利荷位时铺装层表面横向拉应力分布[2]

当描述铺装层与钢桥面板之间层间黏结条件的层间系数 $\mu \in [0, 1\times10^5]$ 时,铺装层表面横向拉应力分布情况见图 5-3。

由图 5-3 不难发现,铺装层横向拉应力的极大值仍然出现在纵向加劲肋腹板的顶部。不同的层间条件对轮隙间肋板顶部铺装层表面 B 点的应力值影响最大，双轮荷载外侧肋板顶部铺装层表面 C 点的应力几乎不受层间条件的影响。随着层间条件由完全光滑向完全连续过渡，轮隙间肋板顶部铺装层表面 B 点的横向拉应力逐渐减小，这一变化规律在图 5-4 中可以明显看到。

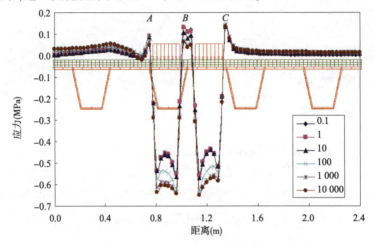

图 5-3　不同层间条件时铺装层表面横向应力分布[24]

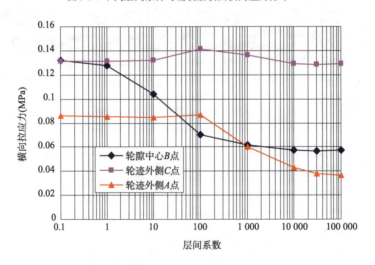

图 5-4　轮迹内侧与外侧肋板顶部铺装层表面横向应力变化[24]

图 5-4 表明，随着铺装层与钢板的层间条件趋于连续，C 点的横向拉应力几乎没有发生变化，完全光滑条件下铺装层表面 A 点与 B 点的横向拉应力是完全连续

第5章 江阴大桥钢桥面铺装典型病害形成机理

条件下的2倍多,这表明当铺装层与钢板之间的层间条件不良时,铺装层将处于更加不利的受力状态。轮迹内侧与外侧肋板顶部铺装层地面横向应力随层间黏结状况的变化如图5-5所示,当铺装层与钢板之间完全连续时,轮迹外侧的 A 点容易最先出现开裂,其次为 B 点和 C 点;当铺装层与钢板接近于完全光滑条件时,C 点和 A 点都容易最先出现裂缝。

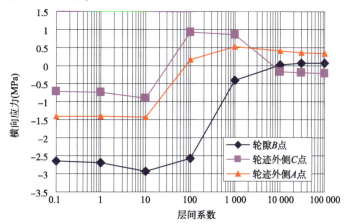

图 5-5 轮迹内侧与外侧肋板顶部铺装层底面横向应力变化[2]

铺装层在实际使用过程中,层间条件会随着行车荷载的作用而逐渐退化,铺装层中会有更多的点位处于不利状态。图5-3与图5-4中的计算结果能够很好地解释箱梁结构相关性疲劳裂缝的产生规律,即裂缝产生之初为单条纵向裂缝,随着荷载作用次数的增加,第2条、第3条裂缝会随之产生。

5.2 车辙类病害形成机理

从江阴大桥钢桥面铺装的调查资料来看,浇注式沥青混凝土铺装易出现较大面积的车辙病害。钢桥面沥青铺装车辙病害的破坏机理及形成原因同一般的沥青混凝土路面也有着较大的差别。主要体现在:由于支撑条件的不同,钢桥面沥青铺装不存在地基沉陷或永久变形,只有铺装层的变形;浇注式沥青混凝土的空隙率一般在1%以下,交通压密现象对车辙形成的贡献可以忽略不计,车辙破坏的形成主要由于材料的抗剪能力不足导致[25]。一方面,环氧沥青混凝土的空隙率在3%以下,不会出现压密型车辙;另一方面,环氧沥青混凝土的结合料环氧沥青是一种热固性材料,一旦形成固化网状结构后不会在高温条件下发生逆反应而变软,这也大幅增强了环氧沥青混凝土的高温稳定性,因此环氧沥青混凝土铺装中鲜有车辙出现。以下将对江阴大桥采用的"双层浇注""下层浇注＋上层环氧""双层环氧"铺装结构的车辙变形进行有限元仿真模拟,对车辙形成成因进行分析。

5.2.1 铺装材料高温蠕变参数研究

5.2.1.1 铺装材料

浇注式沥青混合料的沥青结合料由30号沥青与特立尼达湖沥青按质量比30:70进行掺配而成,集料采用玄武岩矿料,混合料最佳油石比为8.8%,流动度为25s,40℃贯入度为1.21mm,空隙率小于1%。

环氧沥青混合料是由环氧沥青结合料和密实性级配的玄武岩集料拌和而成的热固性混合料材料,混合料最佳油石比为6.5%,固化试件的马歇尔强度为56.7kN,空隙率小于3%。

5.2.1.2 恒高度剪切疲劳试验

根据AASHTO320试验规程,采用COX&SONS生产的Superpave剪切试验机对浇注式和环氧沥青混合料进行恒高度剪切疲劳试验。试件选用高38mm、直径150mm的圆柱形试件($\phi 150mm \times H38mm$),试验温度为55℃和60℃,加载力采用70kPa、100kPa、130kPa的水平剪切力,加载波形为加载0.1s、卸载0.6s的方波。整个试验过程中,试件的高度通过固定的刚性构件保持恒定的高度尺寸。

5.2.1.3 试验结果分析

通过上述恒高度剪切疲劳试验,可以得出铺装材料在不同温度和加载力条件下的剪切永久变形与作用次数间的关系曲线,具体试验结果和分析如下。

(1)环氧沥青混合料。

60℃时,不同水平剪切应力下,环氧沥青混合料剪切永久变形与作用次数间的关系如图5-6所示。试验结果显示,环氧沥青混合料的永久变形应变随加载次数的增加呈现反S曲线增长关系。随着剪切力的增大,永久应变量也相应地增大。

(2)浇注式沥青混合料。

60℃时,不同水平剪切应力下,浇注式沥青混合料剪切永久变形与作用次数间的关系如图5-7所示。试验结果显示,浇注式沥青混合料的永久变形应变随加载次数的增加而呈现增长关系。随着剪切力的增大,永久应变量相应地也增大,并且永久变形量比环氧沥青混合料永久变形量大100倍以上,说明浇注式沥青混合料高温抗变形能力较弱。

第 5 章　江阴大桥钢桥面铺装典型病害形成机理

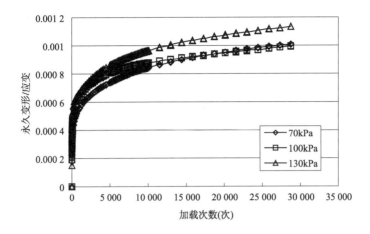

图 5-6　60℃时不同剪切力作用下环氧沥青混合料重复剪切疲劳试验结果

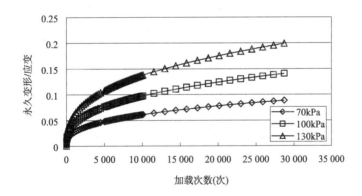

图 5-7　60℃时不同剪切力作用下浇注式沥青混合料重复剪切疲劳试验结果

5.2.1.4　材料高温蠕变参数分析

铺装材料的流变特性可用蠕变模型进行描述[26-30]，即材料的变形 ε_c 是与温度 T、应力 σ 和时间 t 相关的函数。在 Abaqus 软件中，材料高温蠕变模型采用 Bailey-Norton 公式进行表征，其表达式为[5]：

$$\dot{\varepsilon}_c = A\sigma^m t^n \tag{5-1}$$

式中：$\dot{\varepsilon}_c$——应变速率，即单位时间产生的应变量；

　　　σ——轴向偏应力，即轴向压力与围压的差；

　　　t——荷载累计作用时间；

　　　A、m、n——材料蠕变参数，依赖于温度及应力水平。

根据恒高度剪切疲劳试验数据,采用 Datafit 软件包进行多元非线性回归,获得 60℃浇注式沥青混凝土和环氧沥青混凝土的高温蠕变参数,如表 5-2 所示。

铺装材料的非线性蠕变参数　　　　表 5-2

混合料类型	试验条件		材料非线性蠕变参数		
	水平剪应力(kPa)	温度(℃)	A	m	n
浇注式沥青混凝土	70 100 130	60	1.22×10^{-11}	1.376	-0.649
环氧沥青混凝土			3.00×10^{-5}	0.026	-0.815

5.2.2　正交异性钢桥面铺装永久变形仿真模型

5.2.2.1　几何模型及边界条件

采用大型通用有限元软件 ABAQUS 建立正交异性钢桥面铺装层永久变形仿真模型,模型两端横隔板底部采用固结约束,模型沿纵桥向的板边缘采用水平向约束、竖向自由的边界方式,如图 5-8 所示。其中正交异性钢桥面模型几何尺寸:沿桥面横向取 8 个 U 形加劲肋,共 4.8m,沿桥面纵向取 3 跨,包括 4 块高度 1.2m 的横隔板,共 9m;U 形加劲肋高度为 280mm,肋开口宽度为 300mm,肋闭口宽度为 170mm,厚度为 8mm,两相邻加劲肋中心间距为 600mm;横隔板间距为 3 000mm,厚度为 10mm;钢桥面钢板厚度为 14mm。

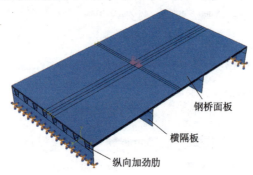

图 5-8　正交异性钢桥面铺装层永久变形仿真模型

五种铺装结构包括:双层 6cm 浇注;下层 3cm 环氧 + 上层 3cm 浇注;下层 3.5cm 浇注 + 上层 2.5cm 环氧;下层 3cm 浇注 + 上层 3cm 环氧;双层 6cm 环氧。

本模型中线性缩减积分单元 C3D8R,模型由两个部件组成,即桥面板、加劲肋和横隔板生成的桥面部件以及路面部件。

第5章 江阴大桥钢桥面铺装典型病害形成机理

5.2.2.2 材料参数及荷载条件

仿真模型中铺装材料的蠕变参数如表 5-2 所示。浇注式沥青混凝土、环氧沥青混凝土和钢板的模量、泊松比参数如表 5-3 所示,其中铺装材料的模量为 60℃、10Hz 下的动态模量[31]。

仿真模型所采用的材料参数值　　　　　　　　　表 5-3

材料类型	浇注式沥青混凝土	环氧沥青混凝土	钢板
模量(MPa)	1 351	2 410	210 000
泊松比	0.25	0.25	0.3

模型中,荷载采用双轮方形荷载形式,正方形尺寸为 189mm×189mm,两轮间距为 320mm,轮胎接地压强为 0.7MPa。根据已有研究成果,仿真模型的车辙最不利荷载位置确定为荷载中心横向位于两个 U 形加劲肋之间的中点,纵向位于两横隔板跨中的荷载位置。

模型中分析步的时长,即在荷载累积作用时间的计算公式如式(5-2)所示:

$$t = \frac{0.36NP}{n_w pBv} \quad (5-2)$$

式中:t——轮载累积作用时间(s);

N——轮载作用次数(次);

P——车辆轴重(kN);

n_w——单个轴的轮数(个);

p——胎压(MPa);

B——轮胎接地宽度(cm);

v——行车速度(km/h)。

仿真分析中,车辆轴重为 100kN,胎压为 0.7MPa,轮胎接地宽度为 18.9cm,行车速度为 80km/h,依据公式(5-1)可计算出单次轴载作用时间为 0.008 641s,50 万次轴载作用对应于仿真模型中的分析布时长为 4 320s。

5.2.3 仿真结果分析

5.2.3.1 铺装结构永久变形分析

依据上述模型及计算参数,五种铺装结构沿桥面板横断面的永久变形仿真结果图见图 5-9。

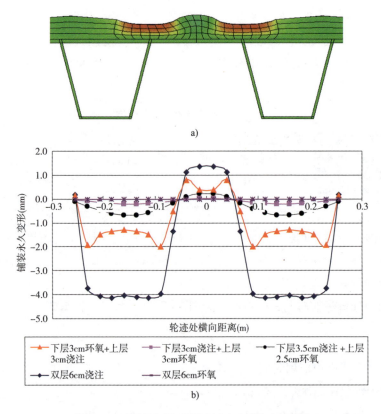

图 5-9　正交异性钢桥面铺装层永久变形仿真结果图

由图 5-9 可以看出,永久变形量从大到小的铺装结构依次为:双层 6cm 浇注 > 下层 3cm 环氧 + 上层 3cm 浇注 > 下层 3.5cm 浇注 + 上层 2.5cm 环氧 > 下层 3cm 浇注 + 上层 3cm 环氧 > 双层 6cm 环氧,即铺装结构高温抵抗永久变形的能力也为上述排列次序。铺装层发生永久变形的发生区域:车辙凹陷处于轮载接触位置即 U 形肋顶附近区域,凸起发生于两 U 形肋中间。

5.2.3.2　铺装材料对总永久变形量贡献率分析

研究中的五类铺装结构为浇注式沥青混合料和环氧沥青混合料两种铺装材料在不同层位的组合。为获得铺装材料对于铺装结构总体永久变形量的贡献,将五种铺装结构中不同层位的永久变形量列于图 5-10。

从图 5-10 可以看出,环氧沥青混凝土使用在铺装上层,能有效降低铺装结构的总体永久变形量,提高复合结构的永久变形能力。而浇注式沥青混凝土建议不使用在铺装上层,防止铺装层出现高温流变变形现象。由图中铺装结构类型 2 和

第5章 江阴大桥钢桥面铺装典型病害形成机理

铺装结构类型 3 的车辙深度对比图可以看出,相同铺装结构形式"下层浇注 + 上层环氧",相同铺装总厚度 60mm 的情况下,上层环氧铺装层厚度的增加会引起铺装结构整体抗变形能力的较大幅度的提高。

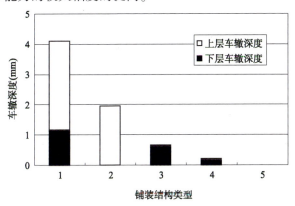

图 5-10 铺装结构不同层位车辙深度对比图*

注:* 表示图中铺装结构类型 2/5 中"下层车辙深度"与类型 3/4/5 中"上层车辙深度"相对数值较小,所以图中无法显示。

不同铺装材料在不同铺装结构中对于铺装总体永久变形的贡献率如表 5-4 所示。

各结构组合车辙深度及所占百分比　　表 5-4

铺装结构类型	总车辙深度(mm)	上层		下层	
		车辙深度(mm)	贡献率(%)	车辙深度(mm)	贡献率(%)
双层 6cm 浇注	4.12	2.94	71.49	1.17	28.51
下层 3cm 环氧 + 上层 3cm 浇注	1.97	1.96	99.53	0.01	0.47
下层 3.5cm 浇注 + 上层 2.5cm 环氧	0.68	0.03	4.79	0.64	95.21
下层 3cm 浇注 + 上层 3cm 环氧	0.21	0.02	8.20	0.19	91.80
双层 6cm 环氧	0.01	0.009	87.89	0.001	12.11

表 5-4 的结果显示,在三类浇注与环氧组成的异性铺装结构中,浇注式沥青混凝土对于铺装永久变形的贡献率均大于 90%,而环氧沥青的永久变形贡献率都低于 10%,说明浇注式沥青混凝土对于铺装结构的高温抗变形能力有不利影响。在双层浇注和双层环氧两类双层同质铺装结构中,铺装上层的永久变形量要远远大

于铺装下层,说明在同一铺装材料组成的钢桥面铺装层中,车辙变形主要发生在铺装结构上层,与传统道路路面中铺装车辙发生在铺装表面以下 50mm 处的结论有所不同。主要原因是正交异性钢桥面板复合结构的受力模式不同于普通道路路面。

5.3 火灾病害形成机理

从江阴大桥钢桥面铺装的调查资料来看,在交通事故发生时车辆一旦发现着火自燃情况,火势会影响到铺装层,引发铺装火灾病害。火损发生后,铺装层会出现贯穿裂缝、表面局部碳化、过火痕迹,以及油污、灰烬、水渍混合等污垢黏附火损表面。以下将对江阴大桥铺装层火灾形成成因进行分析。

5.3.1 火灾规模计算分析

以江阴大桥某起火灾事故为例对火灾规模进行计算分析。

根据木材燃烧的事发情况,预估当时有不多于 0.5t(500kg) 的木材出现明火燃烧,明火燃烧时长约 1h(火警赶至事发地进行了灭火处理),木材的燃烧热为 $15 \times 10^6 \sim 21 \times 10^6 \text{J/kg}$(按最不利情况考虑,燃烧热取 $21 \times 10^6 \text{J/kg}$),事发当时的火灾规模 R = 木材燃烧热 × 燃烧木材的质量 ÷ 燃烧时长 = $(21 \times 10^6 \text{J/kg}) \times (500\text{kg}) \div (3600\text{s})$ = $2.917 \times 10^6 \text{J/s}$ = 2.917MW。

目前已有文献中尚未涉及大桥铺装火灾规模的燃烧参考值,只能检索到有关隧道火灾规模值:隧道火灾规模可以分为 10MW、20MW、50MW 三类规模大小,并且火灾规模低于 10MW 时隧道火灾基本不会引燃沥青路面,20MW 隧道火灾路面存在被引燃的可能,火灾规模达到 50MW 时沥青路面必然发生燃烧。相比于隧道封闭不流通的环境,大桥位于江面通风环境。所以,在同等火灾规模下,大桥铺装的沥青燃烧可能性要小于隧道沥青路面燃烧的可能性。据此,推断江阴大桥的 2.917MW 火灾规模不会引起沥青路面的燃烧,与现场观测结论相吻合。

5.3.2 火灾状况下沥青铺装层温度仿真分析

根据火灾发生的位置及面积,建立了宽 39.1m、长 16m 的标准钢箱梁节段以及 6cm 铺装层的钢箱梁铺装 3D 有限元模型,如图 5-11~图 5-13 所示。

各结构层的材料热物性参数如表 5-5 所示。

第 5 章 江阴大桥钢桥面铺装典型病害形成机理

图 5-11 火灾下钢箱梁铺装温度有限元网格图

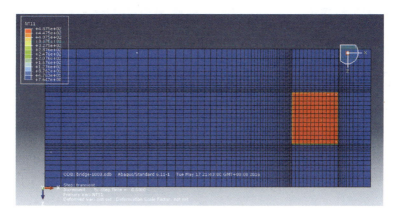

图 5-12 火烧中心区铺装层间温度云图

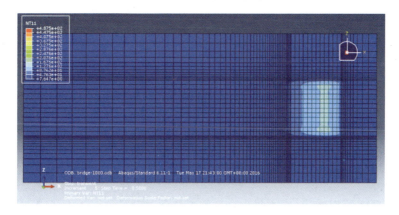

图 5-13 火烧中心区铺装底部温度云图

· 55 ·

各材料的热物性参数　　　　　　　表5-5

材料	密度 ρ (kg/m³)	导热系数 λ [J/(m·h·K)]	比热容 c (J/kg·K)
铺面层	2 570	4 186.8	921
钢板	7 800	191 400	460
空气	1.29	95	1 004

模型模拟了夜晚火灾发生时铺面层的温度变化,其外部边界条件选取如表5-6所示。

模型外部边界条件　　　　　　　表5-6

环境温度(℃)	15	路面发射率 ε	0.81
风速(m/s)	5.5	绝对零度值 T_Z (℃)	−273
路面对流换热系数 [W/(m²·K)]	29.75	斯蒂芬—玻尔兹曼常数 σ (J/h·m²·K⁴)	2.041 092×10⁻⁴

模拟火烧过程中,6.9m×6.7m(后期观测麻面面积,实际火烧面积小于此数值)铺装层表面温度在0～15min内由15℃(当天泰州气温)升高至400℃(木材燃点温度),15～45min温度保持400℃,而后45～60min温度降低到气温(消防灭火),计算得出铺装层表面沿横向和纵向的温度分布状况如图5-14、图5-15所示。

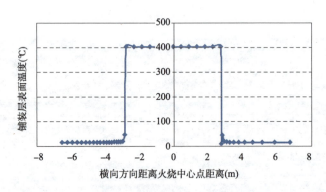

图5-14　沿横向铺装层表面温度分布图

从图5-14可以看出,在木材火烧高温燃烧下,燃烧区(6.9m×6.7m)边界沿横向外0.09m处铺装表面温度为46.2℃,0.3m处铺装表面温度下降至16.1℃;从图

第5章　江阴大桥钢桥面铺装典型病害形成机理

5-15可以看出,燃烧区边界沿纵向外0.1m处铺装表面温度为45.9℃,0.23m处铺装表面温度下降至18.5℃,所以火灾燃烧对燃烧中心区外的铺装层影响不大,这主要是由于当晚风力适中,空气热对流耗散了燃烧热量。

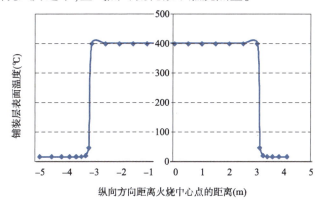

图5-15　沿纵向铺装层表面温度分布图

沿铺装深度方向温度分布状况如图5-16所示。

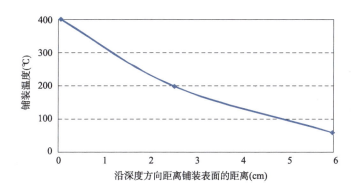

图5-16　沿深度方向铺装层表面温度分布图

从图5-16可以看出,在木材火烧高温燃烧中心点处(温度最高处),铺装表面温度为400℃,环氧与浇注铺装层间温度为196.1℃,而铺装层底部温度为56.9℃;根据已有资料可以得知,通过热重分析手段测出SBS沥青胶浆的自燃点温度为432℃,而环氧沥青作为热固性材料,其燃点必然要高于SBS改性沥青,所以铺装材料难以发生自燃破坏,这与观测结果相符吻合。另外,浇注铺装层底部温度为56.9℃,不易发生永久变形损伤,据此可以得出火灾影响下,泰州大桥铺装层的承载性能不会受到损伤与影响,仅表面行车性能受到一定损坏。

5.4 坑槽病害形成机理

从江阴大桥钢桥面铺装的调查资料来看,坑槽是浇注式沥青铺装和环氧铺装的主要病害形式之一。水损、油污侵蚀、材料和施工缺陷以及养护缺失是导致沥青路面坑槽形成的主要因素。

5.4.1 水损、油污侵蚀

水损所导致坑槽的形成机理是:降雨过程中,雨水首先渗入并滞留在沥青混凝土空隙中,由于黏结层的密水性较好,雨水向下渗透相对比较困难。在高速车辆反复行驶产生的动水压力、剪应力以及真空吸力等多种因素的复合作用下,沥青膜逐渐从集料表面剥落,局部沥青混凝土松散,碎石被车轮甩出,形成坑槽。

车辆尾管滴出或局部路段发生交通事故产生的油污,对沥青产生强烈吸附和溶解作用,沥青混合料中的沥青溶解后上浮,使沥青混合料沥青膜剥落或老化,黏结力降低,在轮载及雨水冲刷作用下开始出现坑槽。

5.4.2 材料性能不足

沥青与集料间的黏附性和抗剥离性是防止桥面铺装层剥离的基本条件。若材料性能不足,在行车荷载的反复作用下,特别是在下坡靠近底部位置,因车速较快且车辆频繁制动,导致面层剪切力较大,部分混合料易被"带走",形成坑槽。

5.4.3 施工缺陷

施工质量的好坏直接决定铺装层的使用寿命。若摊铺过程中沥青混合料发生严重离析现象,离析段的空隙率增大,水容易进入并滞留在混合料内部不容易排走,在荷载作用下产生很大的毛细压力而易使路面产生坑槽。

5.4.4 维护缺失

铺装层的网裂、龟裂、松散、剥落等其他病害如果没有得到及时养护处理,在交通荷载、自然条件的影响下,原有病害位置结构进一步松散,导致坑槽产生。

江阴大桥钢桥面铺装的坑槽主要是雨水通过裂缝渗入铺装内部,形成一定的

第5章 江阴大桥钢桥面铺装典型病害形成机理

动水压力,造成混合料的沥青与集料的黏结失效,进而演变成坑槽问题。另一个原因是在沥青混凝土摊铺过程中,由于矿粉结团而形成的铺装层表面拉皮现象,在摊铺过程中又没有及时进行检查与处理,导致铺装混合料在投入使用期间由于表面矿粉团松散剥落而使铺装层表面出现凹坑。此外,过往通行车辆坠物磨损或冲击,也是铺装层表面凹坑的原因之一。

第6章 江阴大桥钢桥面铺装典型病害修复材料与工艺

对于桥面铺装病害,修复的主要目的就是在最小限度影响交通通行的情况下尽快对早期病害进行控制、修复,在时间上要求快速高效,在效果上要求及时控制病害发展趋势,有效延缓病害大面积大数量滋生的状态。根据上章铺装典型病害形成机理,本章针对江阴大桥钢桥面铺装的裂缝、鼓包、车辙、火灾等病害进行相应的快速修复材料与工艺的研究。

6.1 江阴大桥钢桥面铺装裂缝修复材料与工艺

6.1.1 裂缝修复材料类型及要求

6.1.1.1 裂缝修复材料类型

目前,国内外用于钢桥铺面裂缝修复材料中,主要有以下三种类型:环氧类裂缝修复材料;溶剂挥发型裂缝修复材料;聚合物黏结填封材料。

环氧类裂缝修复材料主要用于钢桥面环氧铺装裂缝修复,材料具有较高强度。溶剂挥发型材料是凭借挥发材料的溶剂部分挥发,残留溶质在裂缝内以填塞缝隙,从而达到密封裂缝的效果。聚合物黏结填封材料分为柔性与刚性两类:柔性聚合物黏结填封材料的强度相对低一些,但是有较大的断裂延伸率;刚性高强度黏结填封材料的断裂延伸率低一些,但是有较高的强度。但是,无论采用哪种修复材料,必须遵循一个原则,即尽可能将裂缝完全填充,以减少应力集中对铺装层受力的不

第6章 江阴大桥钢桥面铺装典型病害修复材料与工艺

利影响、防止雨水下渗破坏铺面结构。

除以上几类以外,其他材料还有裂化沥青、矿粉(石粉、石灰、粉煤灰)沥青、聚合物改性液体沥青、沥青橡胶、橡胶改性沥青、砂沥青混合料等。从环境方面考虑,裂化沥青应用已经很少,矿粉沥青使用技术经济效益较低,而砂沥青混合料通常用作裂缝修补材料。

6.1.1.2 裂缝修复材料性能要求

裂缝快速修复材料除了需要具备防水、抗渗性好、与原铺装有较好的黏结强度以及相容性之外,还需要具有以下方面的性能:

(1)细小裂缝修复时需要黏度较小、易于灌缝的材料。

(2)具有足够的强度,防止裂缝修复后出现二次开裂。

(3)固化时间相对较短,修复后能较快恢复交通。

6.1.2 裂缝修复材料性能试验研究

根据上述分析的裂缝修复材料的类型和性能要求,本研究主要对以下材料进行性能试验研究[32-43]:美国产品 CKⅠ和 CKⅡ,日本产品 CKⅢ,国产产品 EAⅠ、EAⅡ和 EAⅢ。

6.1.2.1 黏度试验

该试验研究的目的是检测材料的黏度,即材料稠或稀,考察材料是否可以方便灌入细小裂缝,以及灌入裂缝后能否较好地渗到更细小的裂缝深处,检验填封材料的工作可灌性是否满足要求。希望材料的黏度在刚刚混合两组分时非常小,即材料非常稀,便于修复材料灌入裂缝内;但是在灌入裂缝内部以后,则希望材料固化反应较快,逐渐形成强度,在满足工作时间要求的前提下,材料的固化时间越短越好,能实现快速恢复交通,为裂缝修复节约时间。对于较宽裂缝而言,黏度要求可以适当放宽。该黏度试验用质量来控制材料的用量。

考虑模拟修复施工时材料的拌和量和实验室的试验条件,选择两组分质量之和为200g。用BHY-2标准恒温油浴箱来模拟施工过程中相对稳定的环境温度。

试验仪器设备:布洛克菲尔德黏度计,具体包括:黏度测量系统 HB 型、相应型号转子、自动温度控制系统、数据采集和显示系统,如图 6-1 所示;标准恒温油浴箱;秒表、盛装修复材料的容器采用 500mL 瓷缸、玻璃棒、电子秤等。

试验方法:《公路工程沥青及沥青混合料试验规程》(JTG E20—2011)沥青布

氏黏度试验(布洛克菲尔德黏度计法),同时参考美国标准 ASTM D 2393。

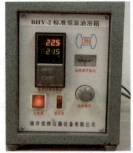

图 6-1　布洛克菲尔德黏度计和 BHY-2 标准恒温油浴箱

黏度试验结果如下所示:

(1)CKⅠ黏度特性

CKⅠ修复材料的黏度试验结果如图 6-2 所示。

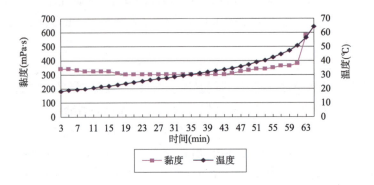

图 6-2　"CKⅠ黏度、温度—时间"图

由图 6-2 可知:CKⅠ修复材料自两组分混合搅拌均匀后,其黏度大小变化很小,温度升高。黏度下降到最小值后保持很长一段时间,又急剧升高。但是,该材料的黏度变化并不像 CKⅡ那样有较大的变化范围。从对材料的多组试验总结出该材料的固化时间为 1h 左右(65min 左右)。黏度最小值为 300mPa·s,并保持 20min 左右时间。黏度相对较小,对于灌入细小裂缝最为有利,即很容易灌入细小的裂缝。保持最小黏度的 20min 的时间是灌入裂缝的最佳时间,但是,由于其开始固化时间为 65min,所以,该材料开始固化的时间也比较短,可以满足快速修复的要求。

第6章　江阴大桥钢桥面铺装典型病害修复材料与工艺

(2) CKⅡ黏度特性

根据上述试验方法,对CKⅡ裂缝修复材料进行黏度试验,数据如图6-3所示。

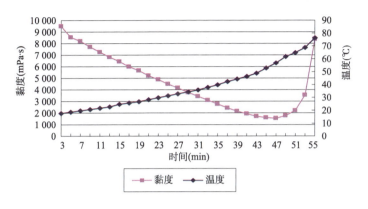

图6-3 "CKⅡ黏度、温度—时间"图

从图6-3可以看出：CKⅡ修复材料在混合后,其黏度先是变小,达到一个最小值后,又开始急剧上升,逐渐固化,直至完全固化。从试验中可以看出,修复材料在完全固化前,黏度随着温度的升高而降低,这是因为混合后的固化反应放热,使得混合后修复材料温度逐渐升高,导致材料黏度的逐渐降低。同时伴随着温度的升高,固化反应速度逐渐加快,使黏度呈上升趋势,在这两种趋势的综合作用下,最终使得混合料的黏度先呈下降趋势,最后呈上升趋势,并在最后时刻黏度上升有一个突变点。

由试验可知,在气温20℃左右的环境中,从开始拌和修复材料至灌缝结束,CKⅡ工作时间为40min。

(3) CKⅢ黏度特性。

日本生产的裂缝填封材料CKⅢ,黏度试验结果如图6-4所示。总结CKⅢ修复材料的试验特性：该材料的固化时间较长,约为2h(127min)。该材料的初始黏度相对较大,如此一来想要灌入细小的裂缝也就较难了,以致施工可灌性降低；但是灌入较宽裂缝还是可行的,可以考虑用于修复较宽裂缝。该材料的黏度同样也是先降低后增加,但是黏度的降低并不是特别明显。该材料的温度变化尤其与上述两种材料的变化规律不同,温度变化是先缓慢升高后降低。因此,从CKⅢ裂缝填封材料的黏度试验看出,该材料的初始固化时间比较长,材料本身并不是快速修复的理想材料。

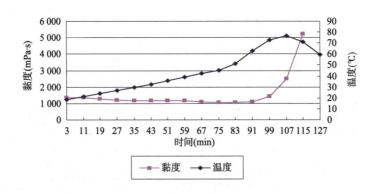

图6-4 "CKⅢ黏度、温度—时间"图

(4)EAⅡ黏度特性。

EAⅡ的黏度试验结果如图6-5所示。

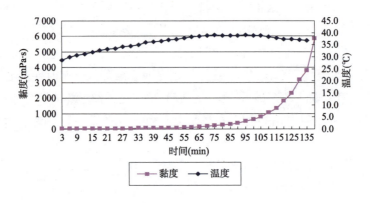

图6-5 "EAⅡ黏度、温度—时间"图

从图6-5可以看出：EAⅡ的黏度先是缓慢上升，然后就快速升高。该材料的混合后黏度增长不明显，而且保持此趋势近80min，这样对裂缝的修复施工是很有利的，工作时间相对长一点。另外有国产材料EAⅠ、EAⅢ的试验数据，其特性基本与材料EAⅡ类似，限于篇幅缘故，在此不再一一列举。

6.1.2.2 黏结性能

拉拔试验是用来检测裂缝修复材料本身的黏结与抗拉性能。试验参照《色漆和清漆拉开法附着力试验》(GB/T 5210—2006)中的拉开法，同时参考国际标准ISO 4624—1978进行试验的设计。试验结果如表6-1所示。

第6章 江阴大桥钢桥面铺装典型病害修复材料与工艺

修复材料的拉拔强度　　　　　　　　　　　　　　　表6-1

修复材料	拉拔强度均值(MPa)	试验温度(℃)	破坏位置
CKⅠ	7.2	21	钢板与黏结层间
CKⅡ	7.7	21	钢板与黏结层间
CKⅢ	5.7	21	钢板与黏结层间
EAⅠ	3.3	22	钢板与黏结层间
EAⅡ	3.5	22	钢板与黏结层间
EAⅢ	1.9	22	钢板与黏结层间

由表中的试验结果可知,CKⅠ、CKⅡ、CKⅢ修复材料的黏结强度远远大于钢桥铺面混凝土材料的抗拉强度(约5.5MPa),这说明前者与钢板的黏结强度较大,可以用作钢桥铺面的裂缝修复材料。

6.1.2.3 拉伸试验

拉伸强度不同于拉拔强度,拉拔强度是指裂缝填封材料与裂缝缝壁的黏结力,而拉伸强度则是指材料本身的强度。断裂延伸率是裂缝填封材料在拉伸情况下伸长量与原长度的比值,反映材料的变形能力。由于钢桥铺面裂缝在汽车荷载作用下以及温度变化引起的胀缩会使裂缝缝宽发生变化,所以用于修复裂缝的材料要有一定的变形能力,以满足钢桥铺面裂缝位移的要求。该试验就是要得到裂缝修复材料的拉伸强度和断裂延伸率。遵守我国标准《建筑防水涂料试验方法》(GB/T 16777—2008)的同时,再参照美国标准 ASTM D638—2003。哑铃状Ⅰ形试件的狭窄部分为:2mm±0.2mm,哑铃状Ⅰ形试件的试验长度为:25mm±0.5mm,试验宽度为:6mm±0.4mm。试样尺寸如图6-6所示。

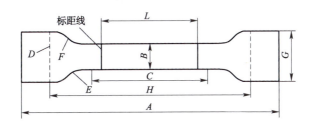

图6-6 哑铃状Ⅰ形试件的形状

哑铃状Ⅰ形试件的尺寸如下:A-总长,最小值115mm;B-标距段的宽度6.00mm+0.4mm;C-标距段的长度,33mm±2mm;D-夹持线;E-半径,14mm±1mm;F-半径

$25\text{mm} \pm 2\text{mm}$;$G$-端部宽度,$25\text{mm} \pm 1\text{mm}$;$H$-夹具间的初始距离,$80\text{mm} \pm 5\text{mm}$;$L$-标距线间的距离,$25\text{mm} \pm 1\text{mm}$。每一种试验材料的试件数均不少于3个,试验结果不能超出规范要求。在我国的国家标准中,将拉伸强度称为断裂拉伸强度 TS_b(Tensile Strength at break),断裂延伸率称为扯断延伸率 E_b(Elongation at break)。该试验为无处理的延伸性测定,区别于热处理后的延伸性测定、紫外线处理后的延伸性测定、碱处理后的延伸性测定。

由表6-2可知:CKⅠ、CKⅡ、CKⅢ三类材料的抗拉伸强度(大于8MPa),与钢桥铺面混凝土的抗拉强度(5~6MPa)相比,此拉伸强度满足裂缝修复对材料抗拉伸强度的要求,断裂延伸率亦满足要求。EAⅠ、EAⅡ、EAⅢ三类材料的拉伸强度相对前三类低了很多,断裂延伸率也低了很多,明显拉伸性能不如前三类。

修复材料拉伸强度及断裂延伸率　　　　　表6-2

修复材料	拉伸强度均值(MPa)	断裂延伸率均值(%)	试验温度(℃)
CKⅠ	12.28	47.31	21
CKⅡ	11.04	63.02	21
CKⅢ	8.61	87.72	21
EAⅠ	4.78	23.15	21
EAⅡ	5.63	37.98	21
EAⅢ	3.42	25.39	21

6.1.2.4　剪切试验

为考察修复材料的抗剪切性能,采用40°剪切试验来评定[9],加载速率为50mm/min。试验装置如图6-7、图6-8所示,试验结果如表6-3所示。

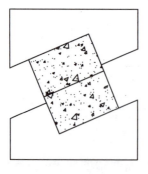
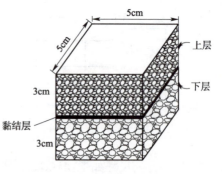

图6-7　剪切试验示意图　　　　　图6-8　试件尺寸示意图

第6章 江阴大桥钢桥面铺装典型病害修复材料与工艺

修复材料抗剪强度　　　　　　　　　　　　　　　表6-3

修复材料	剪切强度均值(MPa)	试验温度(℃)
CKⅠ	4.56	23
CKⅡ	4.29	23
CKⅢ	4.35	23
EAⅠ	2.37	23
EAⅡ	2.53	23
EAⅢ	2.12	23

从试验结果表6-3看出,CKⅠ、CKⅡ、CKⅢ三类材料的抗剪强度较大,一般在4.30MPa左右,而后三类材料的抗剪强度相对较小。

6.1.2.5 裂缝修复后的黏结试验

试验时先拉拔断混凝土柱,再在断裂处涂抹裂缝黏结材料,用以模拟裂缝修复材料的黏结性能。由于钢桥面铺装层出现裂缝后,其内部结构受力状况发生变化,用事先拉断混凝土柱来模拟这一结构状况的变化,用在断裂处涂抹裂缝黏结材料来模拟钢桥面铺装层裂缝修复后的状况。试验过程中,严格保证养护温度和养护时间,以考察裂缝修复材料的黏结性能。

试验材料与仪器:浇注完成的实际桥面板,钻孔机一台,拉拔试验专用拉拔仪,拉拔头若干。由于EAⅠ的性能明显比EAⅡ差,考虑到同为国产材料,在此就淘汰了EAⅠ,不进行试验。

试验方法:本试验参照我国标准《胶粘剂对接头拉伸强度的测定》(GB/T 6329—1996),按照美国标准 ASTM D638—2003(塑料拉伸特性的标准试验方法)进行试验。

具体试验步骤为:

(1)先将准备好的环氧沥青混凝土桥面铺装层试块用钻孔机钻出直径5cm的混凝土柱若干个,钻孔时注意保持试块的表面洁净,以免影响后期试验。

(2)按照规范要求,使用已知的黏结强度较大的材料均匀涂抹于混凝土柱和拉拔头上,在标准温度下养护足够的时间,然后将混凝土柱拉断,以备下一步试验裂缝填封材料的黏结强度。

(3)涂抹裂缝填封材料。按照试验设计的裂缝填封材料的配比混合材料,搅拌均匀后,均匀涂抹于钻出的混凝土柱断裂的两个面上,如图6-9所示。注意:涂抹时要小心翼翼，不要涂抹过多，一方面节约试验所用材料，另一方面不至于使混合料溢流，影响拉拔强度，影响最终试验结果。

(4)涂抹混合料结束后，在试验设计的养护温度下，养生至试验设计的时间。

(5)达到试验设计的养生时间后，按照规范要求进行拉拔，如图6-10所示。

(6)记录拉拔强度和破坏类型(分原断裂处断裂和新断裂处断裂两种类型)。

图6-9 修复已拉断的混凝土柱

图6-10 拉拔已经修复的混凝土柱

试验结果如表6-4所示。

裂缝修复黏结强度(21℃) 表6-4

材料名称	强度均值(MPa)	破坏类型
CKⅡ	4.0	松散面断裂
CKⅠ	3.7	松散面断裂
CKⅢ	3.5	松散面断裂
EAⅡ	2.2	松散面断裂
EAⅢ	1.0	松散面断裂

第6章 江阴大桥钢桥面铺装典型病害修复材料与工艺

可以看出,以上裂缝修复黏结强度值与前述修复材料的黏结强度有很大变化,普遍偏小。之所以会出现如此结果,是由于修复拉断的试柱时存在不利因素:不能完全整齐修复、对断裂面清理效果不是很好、偶尔有松动的集料致使存在集料松散面,此次修复试验的断裂面多是由松散颗粒的面发生断裂所形成。因此,在实际修复裂缝施工时应当克服这些不利因素,从而加强修复效果,比如做好裂缝的清理,去除粉尘、松散的石子颗粒等。从以上的试验数据可以看出:CKⅠ材料的强度很大(甚至超出钢桥铺面混凝土的强度)。CKⅠ材料的强度基本满足修复裂缝的要求,使裂缝不至于第二次开裂;而且其达到最大强度时间相对较短,可以满足快速修复的要求。同样,CKⅡ、CKⅢ有着和CKⅠ类似的性能特点,满足修复裂缝的要求。

6.1.2.6 黏结强度随养护时间的变化规律

对于不同类型的裂缝修复材料,两组分混合后,从其开始固化到完全固化所需要的时间是不同的,但是为了实现快速修复,则要求修复材料在较短时间内达到相应强度。为此,本节对修复材料固化养护时间—黏结强度进行试验研究,以考察修复材料能否实现快速修复的效果。

试验步骤与修复材料黏结性能试验相近,结果如表6-5所示。

修复材料黏结强度与养护时间关系 表6-5

材料名称	4h	8h	12h	24h	48h	最大强度(MPa)	达最大强度时间(h)
CKⅠ	1.0	3.4	7.2	—	—	7.2	10
CKⅡ	0.5	3.0	7.7	—	—	7.7	11
CKⅢ	0	0	0.7	1.8	1.9	5.5	144
EAⅡ	0	0.6	1.2	1.3	1.5	3.5	120

从表6-5可以看出,修复材料的强度随着养护时间逐渐增大,不同材料达到最大黏结强度所需的养护时间不同。CKⅠ、CKⅡ两类材料所需时间较短,8~10h即可恢复交通。材料CKⅢ、EAⅡ的时间则相对较长,不适用于快速修复。同等条件下选择CKⅠ、CKⅡ两类材料来实现快速修复是可行的。

6.1.3 裂缝快速修复工艺

较为通用的钢桥铺面裂缝修复施工工艺流程大致如下:铺面裂缝成因调查→清除粉尘→缝内填灌封闭胶→整平表面→养生→开放交通。

江阴长江大桥钢桥面铺装养护维修技术

钢桥面铺装早期裂缝修复施工工艺主要针对铺装开裂初期出现的纵向裂缝、横向裂缝等较规则的线状裂缝,而对于后期出现的局部网裂、龟裂、滑移裂缝、裂缝处唧浆等严重病害,必须采取坑槽修补的工艺方法来施工。在沥青混凝土路面裂缝修复上,美国SHRP科技工作者将裂缝修复主要分为填缝(sealing)和灌缝(filling)两种方法。填缝主要为:采用专用的材料对工作性裂缝进行封闭,采用特定的构形或在裂缝表面或灌入裂缝内,以防止水分或不可压缩物体进入裂缝。这种方法在前面早期病害的预防性养护措施中重点研究。灌缝主要为:将修复材料填充到非工作性裂缝中,充分地降低水分的侵蚀,同时加强相邻的铺面。早期裂缝的快速修复主要采取灌缝的方法。

6.1.3.1 铺装裂缝处治槽口形式选择

研究结合钢桥面铺装的具体特点,对钢桥面铺装裂缝处治构型进行了设计,主要分为以下四种形式[10]:简单无槽帽封式,槽型非贴封式,槽型贴封式,槽型双层复合式。具体处治构形如图6-11所示。

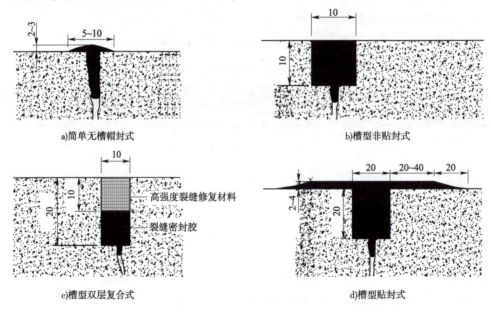

图6-11 部分钢桥面铺装裂缝处治构形(尺寸单位:mm)

考虑到钢桥面铺装裂缝处治对防水性具有较高的要求,为此对开槽深度达到2cm的深槽采用复合式灌缝处理,裂缝修复材料分两次填装到所开凹槽内,其中下层采用柔性较好的裂缝密封胶填封,上部采用强度较高的裂缝修复材料封灌。下层裂

第6章 江阴大桥钢桥面铺装典型病害修复材料与工艺

缝修复材料主要起防水作用,防止水分沿原有裂隙渗透到底层钢板,修复材料具有较好的柔性;上层裂缝修复材料具有较高的强度,以抵抗铺面表面较高的应力作用。

6.1.3.2 铺装裂缝处治施工工法

目前,钢桥面铺装裂缝处治施工工法分为两大类:灌缝施工法和填缝施工法。其中,填缝施工处治比灌缝施工处治多进行裂缝开槽处理施工步骤。就填缝施工处治而言,处治施工工序分为以下几个部分:

(1)裂缝开槽处理。

选取一定的裂缝开槽形式,采用刻槽机或金刚锯对裂缝进行刻槽,刻槽断面应具有垂直边缘且均匀。

(2)缝槽的清洁和干燥。

采用高压吹风机、空气压缩机、钢毛刷等对已刻缝槽进行清洁,并采用热气枪或液化气加热装置进行加热干燥。

(3)灌缝材料的准备和填灌。

主要仪器有沥青锅、沥青分配器、垫条安放工具、输料器等。当路面潮湿或气温低于5℃时,不得进行灌缝。灌缝料不应在输料管中停留,灌入时材料的温度应由供货商提供。

一般裂缝修补时,是直接将修补材料填入缝槽中,但有时也将隔离黏附作用的材料,如聚乙烯泡沫垫条放在刻槽底部,再填入填封料。放垫条的缝槽应刻得深一点,垫条的宽度比缝(槽)宽25%,使垫条能固定在刻槽中。

(4)整料。

根据需要,采用橡皮棍将填灌材料修整为凹形、齐平、帽形和贴封等形式,贴封宽度一般为70~130mm,厚度2~5mm。简易梯形封顶可以省去刻槽工序,快捷方便。刻槽梯形封顶的作用相当于磨耗层。帽形封顶施工时可较梯形封顶方便,但处治效果减弱,帽形封顶材料容易发生扩散性流动而变平,材料温度降低较快,与刻槽的黏附不够充分。

(5)吸油。

用砂或卫生纸在刚修整的材料上,防止刚施工完毕的填灌材料在车轮作用下受磨损而脱落。

6.1.4 裂缝处治效果

为了对钢桥面铺装裂缝处治施工工艺进行更为深入的研究,本书选择了现场裂缝处治试验,在江阴大桥钢桥面铺装实体工程中进行了现场裂缝试验修复。通过现场裂缝处治并经过行车荷载的考验,考察各种裂缝处治结构组合的使用效果,并进行比较。裂缝处治现场详见图6-12。

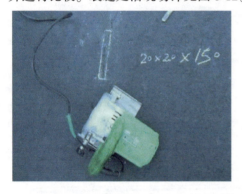

图6-12 裂缝现场修复试验

裂缝处治位置为慢车道轮迹带,钢桥面铺装裂缝出现较为集中的路段,且处于上坡段。所选路段慢车道轮迹带裂缝已大量形成,部分裂缝上方已经泛黄,裂缝已经发展到钢板位置。从图6-12可以看出,在裂缝开槽后,表面有水分渗出,该裂缝已经发展到铺装底部,且裂缝底部两侧黏结层受到一定的侵蚀。目前,针对这种病害常采用的修复方法为挖除重补的修复方式,修复成本较高。

6.1.4.1 现场修复槽口形式选择

钢桥面铺装裂缝修复试验,将不同的槽口深度、槽型系数、裂缝修复材料进行组合,裂缝修复开槽长度根据现场裂缝长度而定,一般取为200mm。裂缝修复槽口形式详见表6-6。

现场修复槽口形式选择 表6-6

裂缝槽口形式	现场试验数量(处)	备 注
5mm×5mm	4	CKⅠ、EAⅡ各2处
10mm×5mm	4	CKⅠ、EAⅡ各2处
20mm×5mm	4	CKⅠ、EAⅡ各2处
5mm×10mm	4	CKⅠ、EAⅡ各2处
10mm×10mm	8	CKⅠ、EAⅡ、SBS、橡胶沥青各2处
10mm×20mm	4	SBS+CKⅠ、橡胶沥青+CKⅠ复合结构
20mm×20mm	4	SBS+EAⅡ、橡胶沥青+EAⅡ复合结构

第6章 江阴大桥钢桥面铺装典型病害修复材料与工艺

6.1.4.2 现场修复材料选择

钢桥面铺装裂缝修复材料选择本章修复试验所用材料,所用主要修复材料有橡胶改性沥青,SBS改性沥青、CKⅠ、EAⅡ型环氧沥青材料。材料性能指标详见本书第4章修复材料,详见图6-13。其他辅助材料有细砂(钢桥面铺装用5号料)、纤维等。

图6-13 钢桥面铺装裂缝修复材料

6.1.4.3 现场修复试验及使用效果

现场试验于2007年12月8日进行。在现场试验中将钢桥面铺装正常养护内容与铺装裂缝修复试验结合同时进行,正常养护为采用简单无槽帽式形式修复。而在试验中,将不同的槽口深度、槽型系数、裂缝修复材料进行组合,裂缝修复开槽长度根据现场裂缝长度而定,一般取为200mm。如图6-14所示为处治后钢桥面铺装裂缝处。

图6-14 处治后钢桥面铺装裂缝处

现场裂缝修复处治步骤如下：

第一，沿着裂缝用石笔将需要开槽的形状画出，画线时采用直尺辅助，确保形状的规整形，并注意需尽量将裂缝包括在所画边线内。第二，根据切割深度要求，调整好刀片露出部分长度，采用手持式切割机首先将轮廓切出，并使用切割机将内部的铺装分片切割完毕。采用平口起及相应的小器具将裂缝槽口修整完好。第三，采用鼓风机将裂缝槽口内及四周吹扫干净（由于条件有限，未能采用加热吹风机）。第四，将CKⅠ、EAⅡ两种修复材料按照比例兑好，SBS及橡胶改性沥青采用自带发电机、电炉加热，使其处于流动状态。材料准备完毕后灌入事先准备好的槽口。

在现场修复中，复合式结构为两种材料各占一半厚度，其中SBS及橡胶改性沥青为下层材料，CKⅠ、EAⅡ为上层材料。修复过程中部分槽口修复材料添加了细砂（铺装专用5号料），部分加入了纤维，并与未掺加的修复材料进行对比。铺装裂缝材料填满以后，为增加铺装摩擦系数，在修复表面撒细砂覆盖，完成修复。

在经过近2个月的行车考验之后，不同槽口裂缝修复处治使用效果表现有所不同，正常养护中所采用的无槽帽封式裂缝修复失效率达到50%。而5mm×5mm槽口形式的处治使用效果也不是很令人满意，四处处治中其中一处已经出现明显裂缝，另两处也存在细微裂纹。直接采用橡胶改型沥青修复的铺装处，不论何种槽口形式，均已完全失效。同比之下，CKⅠ表现出较好的使用性能。

6.2 江阴大桥钢桥面铺装鼓包修补材料与工艺

鼓包不仅影响铺装层美观与行车性能，严重时甚至会危害到铺装层与钢板的整体使用寿命。本节针对鼓包病害发展的不同阶段，对其修补方式进行研究。

6.2.1 鼓包修复材料要求

鼓包病害按照时间可分为早期鼓包、中期鼓包与晚期鼓包。早期鼓包，一般采用低黏度灌缝类材料对鼓包开裂进行密封处理；中期鼓包，可以根据鼓包根部裂缝的闭合情况确定其严重程度，再选择灌缝密封或开挖回填方式进行处理；晚期鼓包，需将坑洞破损处的残缺铺装层开挖后，采用高强度修复材料重新回填。

第5章　江阴大桥钢桥面铺装典型病害形成机理

动水压力,造成混合料的沥青与集料的黏结失效,进而演变成坑槽问题。另一个原因是在沥青混凝土摊铺过程中,由于矿粉结团而形成的铺装层表面拉皮现象,在摊铺过程中又没有及时进行检查与处理,导致铺装混合料在投入使用期间由于表面矿粉团松散剥落而使铺装层表面出现凹坑。此外,过往通行车辆坠物磨损或冲击,也是铺装层表面凹坑的原因之一。

第6章 江阴大桥钢桥面铺装典型病害修复材料与工艺

对于桥面铺装病害,修复的主要目的就是在最小限度影响交通通行的情况下尽快对早期病害进行控制、修复,在时间上要求快速高效,在效果上要求及时控制病害发展趋势,有效延缓病害大面积大数量滋生的状态。根据上章铺装典型病害形成机理,本章针对江阴大桥钢桥面铺装的裂缝、鼓包、车辙、火灾等病害进行相应的快速修复材料与工艺的研究。

6.1 江阴大桥钢桥面铺装裂缝修复材料与工艺

6.1.1 裂缝修复材料类型及要求

6.1.1.1 裂缝修复材料类型

目前,国内外用于钢桥铺面裂缝修复材料中,主要有以下三种类型:环氧类裂缝修复材料;溶剂挥发型裂缝修复材料;聚合物黏结填封材料。

环氧类裂缝修复材料主要用于钢桥面环氧铺装裂缝修复,材料具有较高强度。溶剂挥发型材料是凭借挥发材料的溶剂部分挥发,残留溶质在裂缝内以填塞缝隙,从而达到密封裂缝的效果。聚合物黏结填封材料分为柔性与刚性两类:柔性聚合物黏结填封材料的强度相对低一些,但是有较大的断裂延伸率;刚性高强度黏结填封材料的断裂延伸率低一些,但是有较高的强度。但是,无论采用哪种修复材料,必须遵循一个原则,即尽可能将裂缝完全填充,以减少应力集中对铺装层受力的不

第6章 江阴大桥钢桥面铺装典型病害修复材料与工艺

利影响、防止雨水下渗破坏铺面结构。

除以上几类以外,其他材料还有裂化沥青、矿粉(石粉、石灰、粉煤灰)沥青、聚合物改性液体沥青、沥青橡胶、橡胶改性沥青、砂沥青混合料等。从环境方面考虑,裂化沥青应用已经很少,矿粉沥青使用技术经济效益较低,而砂沥青混合料通常用作裂缝修补材料。

6.1.1.2 裂缝修复材料性能要求

裂缝快速修复材料除了需要具备防水、抗渗性好、与原铺装有较好的黏结强度以及相容性之外,还需要具有以下方面的性能:

(1)细小裂缝修复时需要黏度较小、易于灌缝的材料。
(2)具有足够的强度,防止裂缝修复后出现二次开裂。
(3)固化时间相对较短,修复后能较快恢复交通。

6.1.2 裂缝修复材料性能试验研究

根据上述分析的裂缝修复材料的类型和性能要求,本研究主要对以下材料进行性能试验研究[32-43]:美国产品CKⅠ和CKⅡ,日本产品CKⅢ,国产产品EAⅠ、EAⅡ和EAⅢ。

6.1.2.1 黏度试验

该试验研究的目的是检测材料的黏度,即材料稠或稀,考察材料是否可以方便灌入细小裂缝,以及灌入裂缝后能否较好地渗到更细小的裂缝深处,检验填封材料的工作可灌性是否满足要求。希望材料的黏度在刚刚混合两组分时非常小,即材料非常稀,便于修复材料灌入裂缝内;但是在灌入裂缝内部以后,则希望材料固化反应较快,逐渐形成强度,在满足工作时间要求的前提下,材料的固化时间越短越好,能实现快速恢复交通,为裂缝修复节约时间。对于较宽裂缝而言,黏度要求可以适当放宽。该黏度试验用质量来控制材料的用量。

考虑模拟修复施工时材料的拌和量和实验室的试验条件,选择两组分质量之和为200g。用BHY-2标准恒温油浴箱来模拟施工过程中相对稳定的环境温度。

试验仪器设备:布洛克菲尔德黏度计,具体包括:黏度测量系统HB型、相应型号转子、自动温度控制系统、数据采集和显示系统,如图6-1所示;标准恒温油浴箱;秒表、盛装修复材料的容器采用500mL瓷缸、玻璃棒、电子秤等。

试验方法:《公路工程沥青及沥青混合料试验规程》(JTG E20—2011)沥青布

氏黏度试验(布洛克菲尔德黏度计法),同时参考美国标准 ASTM D 2393。

图 6-1　布洛克菲尔德黏度计和 BHY-2 标准恒温油浴箱

黏度试验结果如下所示:

(1)CKⅠ黏度特性

CKⅠ修复材料的黏度试验结果如图 6-2 所示。

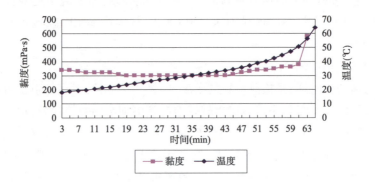

图 6-2　"CKⅠ黏度、温度—时间"图

由图 6-2 可知:CKⅠ修复材料自两组分混合搅拌均匀后,其黏度大小变化很小,温度升高。黏度下降到最小值后保持很长一段时间,又急剧升高。但是,该材料的黏度变化并不像 CKⅡ那样有较大的变化范围。从对材料的多组试验总结出该材料的固化时间为 1h 左右(65min 左右)。黏度最小值为 300mPa·s,并保持 20min 左右时间。黏度相对较小,对于灌入细小裂缝最为有利,即很容易灌入细小的裂缝。保持最小黏度的 20min 的时间是灌入裂缝的最佳时间,但是,由于其开始固化时间为 65min,所以,该材料开始固化的时间也比较短,可以满足快速修复的要求。

第6章 江阴大桥钢桥面铺装典型病害修复材料与工艺

(2) CKⅡ黏度特性

根据上述试验方法,对 CKⅡ 裂缝修复材料进行黏度试验,数据如图 6-3 所示。

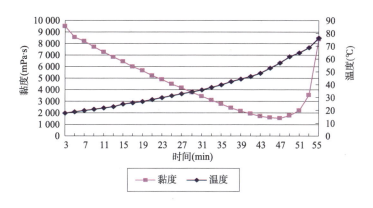

图 6-3 "CKⅡ 黏度、温度—时间"图

从图 6-3 可以看出:CKⅡ修复材料在混合后,其黏度先是变小,达到一个最小值后,又开始急剧上升,逐渐固化,直至完全固化。从试验中可以看出,修复材料在完全固化前,黏度随着温度的升高而降低,这是因为混合后的固化反应放热,使得混合后修复材料温度逐渐升高,导致材料黏度的逐渐降低。同时伴随着温度的升高,固化反应速度逐渐加快,使黏度呈上升趋势,在这两种趋势的综合作用下,最终使得混合料的黏度先呈下降趋势,最后呈上升趋势,并在最后时刻黏度上升有一个突变点。

由试验可知,在气温 20℃ 左右的环境中,从开始拌和修复材料至灌缝结束,CKⅡ 工作时间为 40min。

(3) CKⅢ黏度特性。

日本生产的裂缝填封材料 CKⅢ,黏度试验结果如图 6-4 所示。总结 CKⅢ 修复材料的试验特性:该材料的固化时间较长,约为 2h(127min)。该材料的初始黏度相对较大,如此一来想要灌入细小的裂缝也就较难了,以致施工可灌性降低;但是灌入较宽裂缝还是可行的,可以考虑用于修复较宽裂缝。该材料的黏度同样也是先降低后增加,但是黏度的降低并不是特别明显。该材料的温度变化尤其与上述两种材料的变化规律不同,温度变化是先缓慢升高后降低。因此,从 CKⅢ 裂缝填封材料的黏度试验看出,该材料的初始固化时间比较长,材料本身并不是快速修复的理想材料。

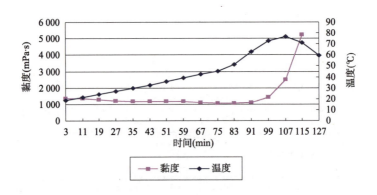

图6-4 "CKⅢ黏度、温度—时间"图

(4)EAⅡ黏度特性。

EAⅡ的黏度试验结果如图6-5所示。

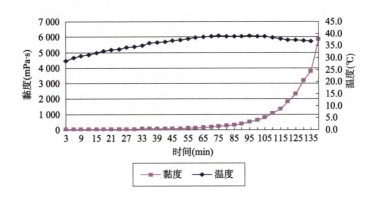

图6-5 "EAⅡ黏度、温度—时间"图

从图6-5可以看出:EAⅡ的黏度先是缓慢上升,然后就快速升高。该材料的混合后黏度增长不明显,而且保持此趋势近80min,这样对裂缝的修复施工是很有利的,工作时间相对长一点。另外有国产材料EAⅠ、EAⅢ的试验数据,其特性基本与材料EAⅡ类似,限于篇幅缘故,在此不再一一列举。

6.1.2.2 黏结性能

拉拔试验是用来检测裂缝修复材料本身的黏结与抗拉性能。试验参照《色漆和清漆拉开法附着力试验》(GB/T 5210—2006)中的拉开法,同时参考国际标准ISO 4624—1978进行试验的设计。试验结果如表6-1所示。

第6章 江阴大桥钢桥面铺装典型病害修复材料与工艺

修复材料的拉拔强度   表6-1

修 复 材 料	拉拔强度均值(MPa)	试验温度(℃)	破 坏 位 置
CKⅠ	7.2	21	钢板与黏结层间
CKⅡ	7.7	21	钢板与黏结层间
CKⅢ	5.7	21	钢板与黏结层间
EAⅠ	3.3	22	钢板与黏结层间
EAⅡ	3.5	22	钢板与黏结层间
EAⅢ	1.9	22	钢板与黏结层间

由表中的试验结果可知,CKⅠ、CKⅡ、CKⅢ修复材料的黏结强度远远大于钢桥铺面混凝土材料的抗拉强度(约5.5MPa),这说明前者与钢板的黏结强度较大,可以用作钢桥铺面的裂缝修复材料。

6.1.2.3 拉伸试验

拉伸强度不同于拉拔强度,拉拔强度是指裂缝填封材料与裂缝缝壁的黏结力,而拉伸强度则是指材料本身的强度。断裂延伸率是裂缝填封材料在拉伸情况下伸长量与原长度的比值,反映材料的变形能力。由于钢桥铺面裂缝在汽车荷载作用下以及温度变化引起的胀缩会使裂缝缝宽发生变化,所以用于修复裂缝的材料要有一定的变形能力,以满足钢桥铺面裂缝位移的要求。该试验就是要得到裂缝修复材料的拉伸强度和断裂延伸率。遵守我国标准《建筑防水涂料试验方法》(GB/T 16777—2008)的同时,再参照美国标准 ASTM D638—2003。哑铃状Ⅰ形试件的狭窄部分为:2mm±0.2mm,哑铃状Ⅰ形试件的试验长度为:25mm±0.5mm,试验宽度为:6mm±0.4mm。试样尺寸如图6-6所示。

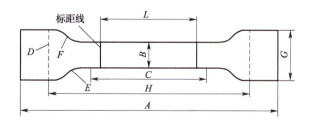

图6-6 哑铃状Ⅰ形试件的形状

哑铃状Ⅰ形试件的尺寸如下:A-总长,最小值115mm;B-标距段的宽度6.00mm+0.4mm;C-标距段的长度,33mm±2mm;D-夹持线;E-半径,14mm±1mm;F-半径

$25\text{mm} \pm 2\text{mm}$;$G$-端部宽度,$25\text{mm} \pm 1\text{mm}$;$H$-夹具间的初始距离,$80\text{mm} \pm 5\text{mm}$;$L$-标距线间的距离,$25\text{mm} \pm 1\text{mm}$。每一种试验材料的试件数均不少于 3 个,试验结果不能超出规范要求。在我国的国家标准中,将拉伸强度称为断裂拉伸强度 TS_b(Tensile Strength at break),断裂延伸率称为扯断延伸率 E_b(Elongation at break)。该试验为无处理的延伸性测定,区别于热处理后的延伸性测定、紫外线处理后的延伸性测定、碱处理后的延伸性测定。

由表 6-2 可知:CKⅠ、CKⅡ、CKⅢ三类材料的抗拉伸强度(大于 8MPa),与钢桥铺面混凝土的抗拉强度(5~6MPa)相比,此拉伸强度满足裂缝修复对材料抗拉伸强度的要求,断裂延伸率亦满足要求。EAⅠ、EAⅡ、EAⅢ三类材料的拉伸强度相对前三类低了很多,断裂延伸率也低了很多,明显拉伸性能不如前三类。

修复材料拉伸强度及断裂延伸率　　　　　　　　　　　　　　表 6-2

修复材料	拉伸强度均值(MPa)	断裂延伸率均值(%)	试验温度(℃)
CKⅠ	12.28	47.31	21
CKⅡ	11.04	63.02	21
CKⅢ	8.61	87.72	21
EAⅠ	4.78	23.15	21
EAⅡ	5.63	37.98	21
EAⅢ	3.42	25.39	21

6.1.2.4 剪切试验

为考察修复材料的抗剪切性能,采用 40°剪切试验来评定[9],加载速率为 50mm/min。试验装置如图 6-7、图 6-8 所示,试验结果如表 6-3 所示。

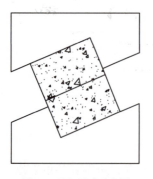 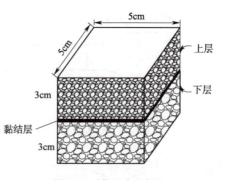

图 6-7　剪切试验示意图　　　　　图 6-8　试件尺寸示意图

第6章 江阴大桥钢桥面铺装典型病害修复材料与工艺

修复材料抗剪强度　　　　　　　　　　　　　　　　表6-3

修复材料	剪切强度均值(MPa)	试验温度(℃)
CKⅠ	4.56	23
CKⅡ	4.29	23
CKⅢ	4.35	23
EAⅠ	2.37	23
EAⅡ	2.53	23
EAⅢ	2.12	23

从试验结果表6-3看出，CKⅠ、CKⅡ、CKⅢ三类材料的抗剪强度较大，一般在4.30MPa左右，而后三类材料的抗剪强度相对较小。

6.1.2.5　裂缝修复后的黏结试验

试验时先拉拔断混凝土柱，再在断裂处涂抹裂缝黏结材料，用以模拟裂缝修复材料的黏结性能。由于钢桥面铺装层出现裂缝后，其内部结构受力状况发生变化，用事先拉断混凝土柱来模拟这一结构状况的变化，用在断裂处涂抹裂缝黏结材料来模拟钢桥面铺装层裂缝修复后的状况。试验过程中，严格保证养护温度和养护时间，以考察裂缝修复材料的黏结性能。

试验材料与仪器：浇注完成的实际桥面板，钻孔机一台，拉拔试验专用拉拔仪，拉拔头若干。由于EAⅠ的性能明显比EAⅡ差，考虑到同为国产材料，在此就淘汰了EAⅠ，不进行试验。

试验方法：本试验参照我国标准《胶粘剂对接头拉伸强度的测定》(GB/T 6329—1996)，按照美国标准 ASTM D638—2003(塑料拉伸特性的标准试验方法)进行试验。

具体试验步骤为：

(1)先将准备好的环氧沥青混凝土桥面铺装层试块用钻孔机钻出直径5cm的混凝土柱若干个，钻孔时注意保持试块的表面洁净，以免影响后期试验。

(2)按照规范要求，使用已知的黏结强度较大的材料均匀涂抹于混凝土柱和拉拔头上，在标准温度下养护足够的时间，然后将混凝土柱拉断，以备下一步试验裂缝填封材料的黏结强度。

(3)涂抹裂缝填封材料。按照试验设计的裂缝填封材料的配比混合材料，搅拌均匀后，均匀涂抹于钻出的混凝土柱断裂的两个面上，如图6-9所示。注意：涂

江阴长江大桥钢桥面铺装养护维修技术

抹时要小心翼翼,不要涂抹过多,一方面节约试验所用材料,另一方面不至于使混合料溢流,影响拉拔强度,影响最终试验结果。

(4)涂抹混合料结束后,在试验设计的养护温度下,养生至试验设计的时间。

(5)达到试验设计的养生时间后,按照规范要求进行拉拔,如图6-10所示。

(6)记录拉拔强度和破坏类型(分原断裂处断裂和新断裂处断裂两种类型)。

图6-9 修复已拉断的混凝土柱

图6-10 拉拔已经修复的混凝土柱

试验结果如表6-4所示。

裂缝修复黏结强度(21℃)　　　　表6-4

材料名称	强度均值(MPa)	破坏类型
CKⅡ	4.0	松散面断裂
CKⅠ	3.7	松散面断裂
CKⅢ	3.5	松散面断裂
EAⅡ	2.2	松散面断裂
EAⅢ	1.0	松散面断裂

第6章　江阴大桥钢桥面铺装典型病害修复材料与工艺

可以看出,以上裂缝修复黏结强度值与前述修复材料的黏结强度有很大变化,普遍偏小。之所以会出现如此结果,是由于修复拉断的试柱时存在不利因素:不能完全整齐修复、对断裂面清理效果不是很好、偶尔有松动的集料致使存在集料松散面,此次修复试验的断裂面多是由松散颗粒的面发生断裂所形成。因此,在实际修复裂缝施工时应当克服这些不利因素,从而加强修复效果,比如做好裂缝的清理,去除粉尘、松散的石子颗粒等。从以上的试验数据可以看出:CKⅠ材料的强度很大(甚至超出钢桥铺面混凝土的强度)。CKⅠ材料的强度基本满足修复裂缝的要求,使裂缝不至于第二次开裂;而且其达到最大强度时间相对较短,可以满足快速修复的要求。同样,CKⅡ、CKⅢ有着和CKⅠ类似的性能特点,满足修复裂缝的要求。

6.1.2.6　黏结强度随养护时间的变化规律

对于不同类型的裂缝修复材料,两组分混合后,从其开始固化到完全固化所需要的时间是不同的,但是为了实现快速修复,则要求修复材料在较短时间内达到相应强度。为此,本节对修复材料固化养护时间—黏结强度进行试验研究,以考察修复材料能否实现快速修复的效果。

试验步骤与修复材料黏结性能试验相近,结果如表6-5所示。

修复材料黏结强度与养护时间关系　　　　表6-5

材料名称	4h	8h	12h	24h	48h	最大强度（MPa）	达最大强度时间（h）
CKⅠ	1.0	3.4	7.2	—	—	7.2	10
CKⅡ	0.5	3.0	7.7	—	—	7.7	11
CKⅢ	0	0	0.7	1.8	1.9	5.5	144
EAⅡ	0	0.6	1.2	1.3	1.5	3.5	120

从表6-5可以看出,修复材料的强度随着养护时间逐渐增大,不同材料达到最大黏结强度所需的养护时间不同。CKⅠ、CKⅡ两类材料所需时间较短,8~10h即可恢复交通。材料CKⅢ、EAⅡ的时间则相对较长,不适用于快速修复。同等条件下选择CKⅠ、CKⅡ两类材料来实现快速修复是可行的。

6.1.3　裂缝快速修复工艺

较为通用的钢桥铺面裂缝修复施工工艺流程大致如下:铺面裂缝成因调查→清除粉尘→缝内填灌封闭胶→整平表面→养生→开放交通。

钢桥面铺装早期裂缝修复施工工艺主要针对铺装开裂初期出现的纵向裂缝、横向裂缝等较规则的线状裂缝,而对于后期出现的局部网裂、龟裂、滑移裂缝、裂缝处唧浆等严重病害,必须采取坑槽修补的工艺方法来施工。在沥青混凝土路面裂缝修复上,美国 SHRP 科技工作者将裂缝修复主要分为填缝(sealing)和灌缝(filling)两种方法。填缝主要为:采用专用的材料对工作性裂缝进行封闭,采用特定的构形或在裂缝表面或灌入裂缝内,以防止水分或不可压缩物体进入裂缝。这种方法在前面早期病害的预防性养护措施中重点研究。灌缝主要为:将修复材料填充到非工作性裂缝中,充分地降低水分的侵蚀,同时加强相邻的铺面。早期裂缝的快速修复主要采取灌缝的方法。

6.1.3.1 铺装裂缝处治槽口形式选择

研究结合钢桥面铺装的具体特点,对钢桥面铺装裂缝处治构型进行了设计,主要分为以下四种形式[10]:简单无槽帽封式,槽型非贴封式,槽型贴封式,槽型双层复合式。具体处治构形如图 6-11 所示。

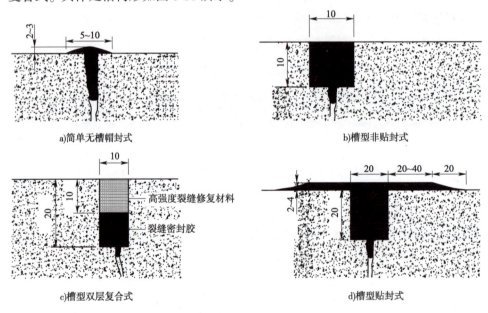

图 6-11 部分钢桥面铺装裂缝处治构形(尺寸单位:mm)

考虑到钢桥面铺装裂缝处治对防水性具有较高的要求,为此对开槽深度达到 2cm 的深槽采用复合式灌缝处理,裂缝修复材料分两次填装到所开凹槽内,其中下层采用柔性较好的裂缝密封胶填封,上部采用强度较高的裂缝修复材料封灌。下层裂

第6章 江阴大桥钢桥面铺装典型病害修复材料与工艺

缝修复材料主要起防水作用,防止水分沿原有裂隙渗透到底层钢板,修复材料具有较好的柔性;上层裂缝修复材料具有较高的强度,以抵抗铺面表面较高的应力作用。

6.1.3.2 铺装裂缝处治施工工法

目前,钢桥面铺装裂缝处治施工工法分为两大类:灌缝施工法和填缝施工法。其中,填缝施工处治比灌缝施工处治多进行裂缝开槽处理施工步骤。就填缝施工处治而言,处治施工工序分为以下几个部分:

(1)裂缝开槽处理。

选取一定的裂缝开槽形式,采用刻槽机或金刚锯对裂缝进行刻槽,刻槽断面应具有垂直边缘且均匀。

(2)缝槽的清洁和干燥。

采用高压吹风机、空气压缩机、钢毛刷等对已刻缝槽进行清洁,并采用热气枪或液化气加热装置进行加热干燥。

(3)灌缝材料的准备和填灌。

主要仪器有沥青锅、沥青分配器、垫条安放工具、输料器等。当路面潮湿或气温低于5℃时,不得进行灌缝。灌缝料不应在输料管中停留,灌入时材料的温度应由供货商提供。

一般裂缝修补时,是直接将修补材料填入缝槽中,但有时也将隔离黏附作用的材料,如聚乙烯泡沫垫条放在刻槽底部,再填入填封料。放垫条的缝槽应刻得深一点,垫条的宽度比缝(槽)宽25%,使垫条能固定在刻槽中。

(4)整料。

根据需要,采用橡皮棍将填灌材料修整为凹形、齐平、帽形和贴封等形式,贴封宽度一般为70~130mm,厚度2~5mm。简易梯形封顶可以省去刻槽工序,快捷方便。刻槽梯形封顶的作用相当于磨耗层。帽形封顶施工时可较梯形封顶方便,但处治效果减弱,帽形封顶材料容易发生扩散性流动而变平,材料温度降低较快,与刻槽的黏附不够充分。

(5)吸油。

用砂或卫生纸在刚修整的材料上,防止刚施工完毕的填灌材料在车轮作用下受磨损而脱落。

6.1.4 裂缝处治效果

为了对钢桥面铺装裂缝处治施工工艺进行更为深入的研究,本书选择了现场裂缝处治试验,在江阴大桥钢桥面铺装实体工程中进行了现场裂缝试验修复。通过现场裂缝处治并经过行车荷载的考验,考察各种裂缝处治结构组合的使用效果,并进行比较。裂缝处治现场详见图6-12。

图6-12 裂缝现场修复试验

裂缝处治位置为慢车道轮迹带,钢桥面铺装裂缝出现较为集中的路段,且处于上坡段。所选路段慢车道轮迹带裂缝已大量形成,部分裂缝上方已经泛黄,裂缝已经发展到钢板位置。从图6-12可以看出,在裂缝开槽后,表面有水分渗出,该裂缝已经发展到铺装底部,且裂缝底部两侧黏结层受到一定的侵蚀。目前,针对这种病害常采用的修复方法为挖除重补的修复方式,修复成本较高。

6.1.4.1 现场修复槽口形式选择

钢桥面铺装裂缝修复试验,将不同的槽口深度、槽型系数、裂缝修复材料进行组合,裂缝修复开槽长度根据现场裂缝长度而定,一般取为200mm。裂缝修复槽口形式详见表6-6。

现场修复槽口形式选择　　　　　　　　表6-6

裂缝槽口形式	现场试验数量(处)	备 注
5mm×5mm	4	CKⅠ、EAⅡ各2处
10mm×5mm	4	CKⅠ、EAⅡ各2处
20mm×5mm	4	CKⅠ、EAⅡ各2处
5mm×10mm	4	CKⅠ、EAⅡ各2处
10mm×10mm	8	CKⅠ、EAⅡ、SBS、橡胶沥青各2处
10mm×20mm	4	SBS+CKⅠ、橡胶沥青+CKⅠ复合结构
20mm×20mm	4	SBS+EAⅡ、橡胶沥青+EAⅡ复合结构

第6章　江阴大桥钢桥面铺装典型病害修复材料与工艺

6.1.4.2　现场修复材料选择

钢桥面铺装裂缝修复材料选择本章修复试验所用材料,所用主要修复材料有橡胶改性沥青,SBS改性沥青、CKⅠ、EAⅡ型环氧沥青材料。材料性能指标详见本书第4章修复材料,详见图6-13。其他辅助材料有细砂(钢桥面铺装用5号料)、纤维等。

图6-13　钢桥面铺装裂缝修复材料

6.1.4.3　现场修复试验及使用效果

现场试验于2007年12月8日进行。在现场试验中将钢桥面铺装正常养护内容与铺装裂缝修复试验结合同时进行,正常养护为采用简单无槽帽式形式修复。而在试验中,将不同的槽口深度、槽型系数、裂缝修复材料进行组合,裂缝修复开槽长度根据现场裂缝长度而定,一般取为200mm。如图6-14所示为处治后钢桥面铺装裂缝处。

图6-14　处治后钢桥面铺装裂缝处

现场裂缝修复处治步骤如下：

第一，沿着裂缝用石笔将需要开槽的形状画出，画线时采用直尺辅助，确保形状的规整形，并注意需尽量将裂缝包括在所画边线内。第二，根据切割深度要求，调整好刀片露出部分长度，采用手持式切割机首先将轮廓切出，并使用切割机将内部的铺装分片切割完毕。采用平口起及相应的小器具将裂缝槽口修整完好。第三，采用鼓风机将裂缝槽口内及四周吹扫干净（由于条件有限，未能采用加热吹风机）。第四，将CKⅠ、EAⅡ两种修复材料按照比例兑好，SBS及橡胶改性沥青采用自带发电机、电炉加热，使其处于流动状态。材料准备完毕后灌入事先准备好的槽口。

在现场修复中，复合式结构为两种材料各占一半厚度，其中SBS及橡胶改性沥青为下层材料，CKⅠ、EAⅡ为上层材料。修复过程中部分槽口修复材料添加了细砂（铺装专用5号料），部分加入了纤维，并与未掺加的修复材料进行对比。铺装裂缝材料填满以后，为增加铺装摩擦系数，在修复表面撒细砂覆盖，完成修复。

在经过近2个月的行车考验之后，不同槽口裂缝修复处治使用效果表现有所不同，正常养护中所采用的无槽帽封式裂缝修复失效率达到50%。而5mm×5mm槽口形式的处治使用效果也不是很令人满意，四处处治中其中一处已经出现明显裂缝，另两处也存在细微裂纹。直接采用橡胶改型沥青修复的铺装处，不论何种槽口形式，均已完全失效。同比之下，CKⅠ表现出较好的使用性能。

6.2 江阴大桥钢桥面铺装鼓包修补材料与工艺

鼓包不仅影响铺装层美观与行车性能，严重时甚至会危害到铺装层与钢板的整体使用寿命。本节针对鼓包病害发展的不同阶段，对其修补方式进行研究。

6.2.1 鼓包修复材料要求

鼓包病害按照时间可分为早期鼓包、中期鼓包与晚期鼓包。早期鼓包，一般采用低黏度灌缝类材料对鼓包开裂进行密封处理；中期鼓包，可以根据鼓包根部裂缝的闭合情况确定其严重程度，再选择灌缝密封或开挖回填方式进行处理；晚期鼓包，需将坑洞破损处的残缺铺装层开挖后，采用高强度修复材料重新回填。

第7章 江阴大桥钢桥面铺装大中修技术方案对比

废料往南运至江阴云亭(锡澄高速江阴南出口下)或锡澄高速堰桥服务区,空车返回后由江北主线收费站掉头继续运输。

(2)靠路肩、中间带一侧的路面需要保留,铣刨后用切割机在接缝位置上将路面垂直切开,以便新旧材料利用平接缝接合。

(3)用磨机、铲刀、有机溶剂等手段处理钢板表面的局部污物,处理干净后,高压水(加溶剂)冲洗,干燥后进行喷砂除锈,喷砂要求达到Sa2.5级。

(4)按要求及时喷涂环氧富锌底漆,干膜厚度100$\mu\varepsilon$。

7.1.4.2 铺装材料的生产

(1)橡胶沥青防水层

橡胶改性沥青(Caribit45)、石灰石填料按比例加入移动式拌和机内拌和后,运到工地使用。

(2)沥青玛蹄脂

粗集料加热:利用干燥滚筒将粗集料加热到220~280℃,放到储料缸内备用。

拌和地青胶:在现场将普通沥青、湖沥青及细集料按比例加入大型拌和机后,将混合料温度提升到170~210℃。将完成拌和的地青胶定量放到移动式拌和机内,再按比例加入经加热的粗集料(温度在200~260℃)。混合料在移动式拌和机内温度维持在185~230℃,拌和30min后运到桥面摊铺。

7.1.4.3 桥面摊铺

每日的摊铺时间安排在7:00~18:00。

(1)钢板表面经过除锈及喷涂环氧富锌底漆,并在油漆表干后(约8h)及时涂上黏结剂(Bostik9225),用量8m^3/L,然后油漆养护3d。

(2)将已加热的橡胶沥青防水材料均匀涂在钢板表面,厚度1.5~3mm。本项工作在摊铺前一天下午进行。

(3)摊铺前进行立模,模板采用43mm厚、约300nm宽的钢或木挡板,摊铺时板面高度用不同厚度钢片调节。沥青玛蹄脂在移动式拌和机内的温度维持在185~230℃,将玛蹄脂倒入摊铺机进行摊铺,通过摊铺机配备的电子测量感应器来控制摊铺厚度。

(4)利用碎石撒布机将14mm粒径的沥青碎石撒到沥青玛蹄脂表面,再用手拉压路机及小型压路机将沥青碎石压入路面。

7.1.4.4 接缝处理

所有施工缝为平接缝。旧物料的断面用切割机垂直切开;新造物料的垂直断面是利用木条或金属模板立模造成。摊铺另外的车道前,将缝边用红外线或喷火器加热,以便与新物料结合,再用人手加工压平接缝表面。表面处治时,接缝处约100mm宽的部分不撒沥青碎石,以便接缝处理。

7.1.4.5 养护

浇注式沥青摊铺完成后,至少要封闭72h才能开放交通,此时禁止货车通行,且车辆不能在新路段上停留。

7.1.4.6 标线施工

养护48h左右开始画标线。

7.2 温拌型环氧沥青混凝土铺装大中修方案

7.2.1 大修范围

从2003年开始,扬子大桥公司就悬索桥钢桥面沥青铺装局部修复的方案,分别与东南大学和香港安达臣沥青有限公司进行联合研究。东大研究的环氧沥青混凝土在江阴大桥有很好的工程表现,通车几年来效果很好。因此趁大修的时机,在由北往南方向进行两种结构、共六种方案的实桥试验段,其中有两种温拌型环氧沥青混凝土铺装结构。通过对实桥试验段较长时间的使用情况的观察,寻找出最适合江阴大桥钢桥面特点的铺装方案,作为桥面维修时的技术储备。试验段选在西半幅幅大桥北端,长度约112m,宽度为3个行车车道加紧急停靠带共13.75m。

7.2.2 维修铺装结构与材料

铺装结构和长度见表7-6。

环氧沥青试验结构方案　　　　　　　　　　　　　　　　表7-6

项　目	方案 I	方案 II
铺装总厚度(cm)	6.0	5.0
铺装上层厚度(cm)	3.5	2.5
铺装上层材料	温拌型环氧沥青混合料	温拌型环氧沥青混合料
铺装下层材料	温拌型环氧沥青混合料	温拌型环氧沥青混合料
试验长度(m)	64	48

第7章　江阴大桥钢桥面铺装大中修技术方案对比

7.2.2.1　环氧沥青结合料

环氧沥青结合料采用进口美国 ChemCo 材料公司的环氧沥青结合料半成品，该产品由组分 A(环氧树脂)与组分 B_v(沥青及固化剂)两部分组成。技术要求分别见表 7-7、表 7-8。

组分 A 的技术要求　　　　　　　　　　　　　　　　表 7-7

技术指标	技术要求	试验方法
黏度(25℃,mPa·s)	100~160	ASTM D445
环氧当量(含1g环氧材料克数)	185~192	ASTM D1652
颜色　加德纳(Garener)	≤4	ASTM D1544
含水率(%)	≤0.05	ASTM D1744
闪点(℃)	≥200	ASTM D92
密度(g/cm³)	1.16~1.17	ASTM D1475
外观	透明琥珀状	目视

组分 B_v 的技术要求　　　　　　　　　　　　　　　表 7-8

技术指标	技术要求	试验方法
酸值(KOH/g,mg)	40~60	ASTM D664
闪点(克立夫兰敞口杯,℃)	≥200	ASTM D92
含水率(%)	≤0.05	ASTM D95
黏度(100℃,100r/min,mPa·s)	≥140	ASTM D2041
密度(23℃时,g/cm³)	0.98~1.02	ASTM D1475
颜色	黑	目视

由组分 A 和组分 B_v 按规定的比例在规定的温度与时间下混合配制得到环氧沥青结合料。在规定温度与时间下固化后的环氧沥青结合料的技术要求见表 7-9。

环氧沥青的技术指标　　　　　　　　　　　　　　　表 7-9

技术指标	技术要求	试验方法
抗拉强度(23℃,MPa)	≥1.52	ASTM D638
断裂时的延伸率(23℃,%)	≥200	ASTM D638
热固性(300℃)	不熔化	—
浸耗率(23℃,%)	≤35	—
吸水率(7d,23℃,%)	≤0.3	ASTM D5
在荷载作用下的热扰曲温度(℃)	-25~-18	ASTM D648

7.2.2.2　环氧沥青黏结料

铺装与钢板以及铺装之间采用环氧沥青黏结。环氧沥青黏结料采用进口美国

ChemCo 材料公司的环氧沥青黏结半成品,该产品由组分 A(环氧树脂)与组分 B_{ld}(沥青及固化剂)两部分组成。技术要求分别见表 7-7、表 7-10。

组分 B_{ld} 的技术要求　　　　　　　　　　　　表 7-10

技术指标	技术要求	试验方法
酸值(KOH/g,mg)	60~80	ASTM D664
闪点(克立夫兰敞口杯,℃)	≥250	ASTM D92
含水率(%)	≤0.05	ASTM D95
密度(23℃时,g/cm³)	0.98~1.02	ASTM D1475
颜色	黑	目视

环氧沥青黏结剂由组分 A 和组分 B_{ld} 按规定的比例在规定的温度与时间下混合配制得而成。在规定温度与时间下固化后的环氧沥青黏结剂的技术要求见表 7-11。

环氧沥青黏结剂的技术要求　　　　　　　　　　表 7-11

技术指标	技术要求	试验方法
抗拉强度(23℃,MPa)	≥6.0	ASTM D638
断裂时的延伸率(23℃,%)	≥200	ASTM D638
热固性(300℃)	不熔化	—
吸水率(7d,23℃,%)	≤0.3	ASTM D5
在荷载作用下的热扰曲温度(℃)	-25~-18	ASTM D648

7.2.2.3 集料

采用句容方山玄武岩集料,其技术性能应首先满足我国《公路沥青路面施工技术规范》(JTG F40—2004)中的技术要求,还应满足表 7-12 的技术要求。

玄武岩集料性能要求　　　　　　　　　　　　表 7-12

技术指标	技术要求	试验方法
洛杉矶磨耗值(500r,%)	≤22.0	T 0317—2000
压碎值(%)	≤12.0	T 0316—2000
磨光值(BPN)	≥48	T 0321—1994
针片状含量(%)	≤5.0	T 0307—1994
吸水率(%)	≤1.5	T 0304—2000
表观密度(g/cm³)	≥2.65	T 0317—2000
抗压强度(MPa)	≥120	T 0213—1994
与沥青黏结性(级)	≥4	T 0616—1993
砂当量(%)	≥60	T 0334—1994

第7章　江阴大桥钢桥面铺装大中修技术方案对比

7.2.2.4　矿粉

矿粉采用磨细的石灰石矿粉,其技术性能与粒度应首先满足我国《公路沥青路面施工技术规范》(JTG F40—2004)中的技术要求,还应满足表7-13的技术要求。

矿粉的技术性质与技术要求　　　　　　　　表7-13

技术指标		技术要求	试验方法
密度(g/cm³)		>2.5	T 0352—2000
亲水系数		<1	T 0353—2000
含水率(%)		<1	T 0343—2000
加热安定性		不变质	T 0355—2000
塑性指数(%)		<4	T 0354—2000
粒度	0.3mm(%)	<10	T 0351—2000
	0.15mm(%)	—	
	0.075mm(%)	—	
	<0.075mm(%)	>80	

7.2.2.5　级配及沥青用量范围

环氧沥青混合料与浇注Ⅰ型沥青混合料的配比及原材料(湖沥青除外)由东大提供。环氧沥青混合料与浇注式沥青混合料的生产配比应满足表7-13的要求,并尽可能使生产配合比各级筛孔的累计通过百分率接近表7-14级配范围中值。

矿料级配一览表　　　　　　　　表7-14

混合料名称	下列各级筛孔(方孔筛,mm)的累计通过百分率(%)						沥青用量
	13.2	9.5	4.75	2.36	0.6	0.075	(%)
环氧沥青混合料	100	95~100	65~85	50~70	28~40	7~14	6.0~6.5
浇注Ⅰ型沥青混合料	100	85~100	56~68	46~57	31~46	18~27	6.8~8.3

7.2.3　施工工艺

清除原有铺装材料、防腐涂装处理同7.1.4.1节。

7.2.3.1　洒布下层黏结层

(1)前一天应收集天气预报,以决定第二天的洒布计划。

(2)在可能被黏结层雾剂所污染的部位上料纸以保护改部位。

(3)检查钢板表面是否清洁并用空气压缩机清洁钢板表面。

(4)检查钢板表面是否干燥,若表面仅有零星水珠,则用鼓风机将其吹干。

(5)洒布环氧沥青黏结层,洒布量为 0.68L/m³。

(6)环氧沥青黏结层的洒布宽度应比沥青混合料的摊铺宽度多出 10~20cm,洒布长度应比沥青混合料的摊铺长度多出 30~40cm。

7.2.3.2 摊铺下层沥青混合料

(1)环氧沥青混合料采用沥青拌和站生产,ABG 沥青混凝土摊铺机摊铺。

(2)生产与摊铺过程应严格控制混合料的温度和碾压时间。

(3)混合料铺装之前应确保黏结层表面无任何水分存在。

(4)混合料摊铺时间应尽可能安排在 11:00~15:00 之间进行。

7.2.3.3 施工接缝处理

纵向施工缝安排在车道分界线上。横向尽量少设置施工缝,因故无法避免时,必须设置在两个横隔板中间附近,且相邻两幅及上、下层的横缝应错开 1m 左右。为此,在铺装施工前,应预先将钢箱梁横隔板位置标记在中央分隔带的中线上。

施工缝的切割按下述原则进行:

(1)铺装上、下层的纵缝采用 45°斜接缝;横缝采用斜接缝。

(2)与超车道搭接处不设缝。

(3)切缝前预先划线,采用手持式切缝机进行切割。

(4)切割时间应通过试切确定。即当铺装碾压完 1~2h 后,不时用切缝机在划线外侧拟被切除的铺装上初切。当发现切缝平顺、不再拉斜、切割面光洁平整时,即可开始正式切割。

(5)铺装下层切缝深度控制在 2.5cm 左右,上层切深控制在 2.5cm 左右。

(6)切缝后,即用适当的工具将铺装的多余部分撬走,并用细铜丝刷刷除不稳定的颗粒,用较宽的鬃毛刷扫清灰尘,必要时用湿拖把擦拭,最后用高压气将所有颗粒及灰尘吹出桥面以外。

(7)当邻幅喷洒黏结料时,不但要同时喷涂缝壁,还应跨过接缝,超宽 1~2cm。

7.2.3.4 洒布上层黏结层

工序基本同 7.2.3.1,但洒布量为 0.45L/m²。

7.2.3.5 摊铺上层沥青混合料

工序基本同 7.2.3.2,接缝处理方式同 7.2.3.3。

7.2.3.6 养护

对钢桥面铺装进行为期 15d 的自然养护,养护期间不得开放交通,养护期末采用冲击试验评定环氧沥青混合料的固化程度,当环氧沥青固化度达到 85%以上时

第7章 江阴大桥钢桥面铺装大中修技术方案对比

即可开放交通。

7.3 热拌型环氧沥青混凝土铺装大中修方案

7.3.1 大修范围

从2011年开始,扬子大桥股份公司于2011年对西幅第2/3车道、2012年对东幅第3车道、2013年对东幅第2车道进行了翻修。

7.3.2 维修铺装结构与材料

维修铺装结构为双层热拌型环氧沥青混凝土,铺装体系组成:60~80μm环氧富锌漆防锈层、0.4L/m²环氧树脂黏结层、3cm热拌型环氧沥青混凝土铺装下层、0.6L/m²环氧树脂黏结层与3cm热拌环氧沥青混凝土铺装上层。

7.3.2.1 热拌型环氧沥青结合料

热拌型环氧沥青结合料是一种三组分材料,由基质沥青、环氧树脂主剂、硬化剂组成。主剂和硬化剂按照56:44的质量比例混合后形成混合物,再与基质沥青按照45:55的质量比例混合,在一定温度条件下固化成型,形成环氧沥青。基质沥青为70号沥青,需满足表7-15所要求的各项技术指标;环氧树脂主剂、硬化剂以及按比例混合固化后的环氧树脂的基本物理性能和技术指标如表7-15~表7-18所示。

70号基质沥青技术指标 表7-15

技术指标		技术要求	试验方法
针入度(25℃,100g,5s,0.1mm)		60~80	JTG E20—2011 T0604
延度(15℃,5cm/min,cm)		≥100	JTG E20—2011 T0605
软化点(环球法,℃)		≥47	JTG E20—2011 T0606
针入度指数 PI		-1.5~1.0	JTG E20—2011 T0604
溶解度(%)		≥99.5	JTG E20—2011 T0607
闪点(℃)		≥260	JTG E20—2011 T0611
RTFOT 后	质量变化(%)	-0.6~+0.6	JTG E20—2011 T0610
	针入度比(25%,℃,%)	≥61	
	延度(10℃,cm)	≥6	

KD-BEP 主剂的物理性能和技术指标　　　　　　　表 7-16

项目(单位)	技术要求	试验方法
黏度(23℃,mPa·s)	1 000～5 000	ASTM D2393
相对密度(23℃)	1.1～1.2	ASTM D1475
外观	稻草色透明液状	目视

KD-BEP 硬化剂的物理性能和技术指标　　　　　　表 7-17

项目(单位)	技术要求	试验方法
黏度(23℃,mPa·s)	100～800	ASTM D2393
相对密度(23℃)	0.8～1.0	ASTM D1475
外观	淡黄褐色液状	目视

KD-BEP 环氧树脂改性剂养生后的物理性能和技术指标　　表 7-18

项目(单位)	技术要求	试验方法
拉伸强度(23℃,MPa)	≥3.0	ASTM D638
延伸率(23℃,%)	≥100	ASTM D638

KD-BEP 热拌环氧沥青的生产过程是试验时将基质沥青加热到150℃,环氧树脂加热到60℃,两者放入搅拌器里搅拌4min后制成试件。然后在150℃烘箱里放置3h,在60℃烘箱里养生4d,在常温下放置1d后进行试验。其养生后的技术要求如表7-19所示。

KD-BEP 热拌环氧沥青养生后的技术指标　　　　　表 7-19

项目(单位)	技术要求	试验方法
针入度(25℃,100g,5s,0.1mm)	5～20	JTG E20—2011 T0604
软化点(环球法,℃)	≥100	JTG E20—2011 T0606
拉伸强度(23℃,MPa)	≥2.0	ASTM D638
断裂延伸率(23℃,%)	≥100	ASTM D638

7.3.2.2　防水黏结层

环氧树脂黏结剂是由主剂和硬化剂混合而成。主剂和硬化剂的基本物理性能和技术指标如表7-20、表7-21所示。

第7章 江阴大桥钢桥面铺装大中修技术方案对比

KD-HYP 主剂的物理性能和技术指标　　　　表7-20

项目(单位)	技术要求	试验方法
黏度(23℃,mPa·s)	1 000～5 000	ASTM D2393
相对密度(23℃)	1.1～1.3	ASTM D1475
外观	微黄色透明液状	目视

KD-HYP 硬化剂的物理性能和技术指标　　　　表7-21

项目(单位)	技术要求	试验方法
黏度(23℃,mPa·s)	500～1 100	ASTM D2393
相对密度(23℃)	0.8～1.0	ASTM D1475
外观	淡褐色液状	目视

将主剂和硬化剂分别加热到50～60℃,以1:1的质量比例混合后,搅拌5min使其充分混合,养生固化后的环氧树脂黏结剂性能如表7-22所示。

KD-HYP 环氧树脂黏结剂养生后的物理性能和技术指标　　　　表7-22

项目(单位)	技术要求	试验方法
拉伸强度(23℃,MPa)	≥2.0	ASTM D638
延伸率(23℃,%)	≥100	ASTM D638
与钢板的黏结强度(25℃,MPa)	≥2.75	ASTM D4541

7.3.2.3　集料

采用句容方山玄武岩集料,其技术性能应首先满足我国《公路沥青路面施工技术规范》(JTG F40—2004)中的技术要求,还应满足表7-23的技术要求。

玄武岩集料性能要求　　　　表7-23

技术指标	技术要求	试验方法
洛杉矶磨耗值(500r,%)	≤22.0	T 0317—2000
压碎值(%)	≤12.0	T 0316—2000
磨光值(BPN)	≥48	T 0321—1994
针片状含量(%)	≤5.0	T 0307—1994
吸水率(%)	≤1.5	T 0304—2000
表观密度(g/cm^3)	≥2.65	T 0317—2000
抗压强度(MPa)	≥120	T 0213—1994
与沥青黏结性(级)	≥4	T 0616—1993
砂当量(%)	≥60	T 0334—1994

7.3.2.4 矿粉

矿粉采用磨细的石灰石矿粉,其技术性能与粒度应首先满足我国《公路沥青路面施工技术规范》(JTG F40—2004)中的技术要求,其次还应满足表7-24的技术要求。

矿粉的技术性质与技术要求　　　　　表7-24

技术指标		技术要求	试验方法
密度(g/cm³)		>2.5	T 0352—2000
亲水系数		<1	T 0353—2000
含水率(%)		<1	T 0343—2000
加热安定性		不变质	T 0355—2000
塑性指数(%)		<4	T 0354—2000
粒度	0.3mm(%)	<10	T 0351—2000
	0.15mm(%)	—	
	0.075mm(%)	—	
	<0.075mm(%)	>80	

7.3.2.5 级配及沥青用量范围

环氧沥青混合料与浇注Ⅰ型沥青混合料的配比及原材料(湖沥青除外)由东大提供。环氧沥青混合料与浇注式沥青混合料的生产配比应满足表7-24的要求,并尽可能使生产配合比各级筛孔的累计通过百分率接近表7-25的级配范围中值。

矿料级配一览表　　　　　表7-25

混合料名称	下列各级筛孔(方孔筛,mm)的累计通过百分率(%)						沥青用量(%)
	13.2	9.5	4.75	2.36	0.6	0.075	
环氧沥青混合料	100	95~100	65~85	50~70	28~40	7~14	6.0~6.5

7.3.3 施工工艺

清除原有铺装材料、防腐涂装处理同7.1.4.1。

7.3.3.1 洒布下层黏结层

(1)前一天应收集天气预报,以决定第二天的洒布计划。

(2)在可能被黏结层雾剂所污染的部位上料纸以保护该部位。

(3)检查钢板表面是否清洁并用空气压缩机清洁钢板表面。

(4)检查钢板表面是否干燥,若表面仅有零星水珠,则用鼓风机将其吹干。

(5)洒布环氧黏结层,洒布量为$0.4L/m^2$。

第7章 江阴大桥钢桥面铺装大中修技术方案对比

(6)环氧黏结层的洒布宽度应比沥青混合料的摊铺宽度多出10~20cm,洒布长度应比沥青混合料的摊铺长度多出30~40cm。

7.3.3.2 摊铺下层沥青混合料

(1)环氧沥青混合料采用沥青拌和站生产,ABG沥青混凝土摊铺机摊铺。

(2)生产与摊铺过程中,应严格控制混合料的温度和碾压时间。

(3)混合料铺装之前,应确保黏结层表面无任何水分存在。

(4)混合料摊铺时间应尽可能安排在11:00~15:00之间进行。

7.3.3.3 施工接缝处理

纵向施工缝安排在车道分界线上。横向尽量少设置施工缝,因故无法避免时,必须设置在两个横隔板中间附近,且相邻两幅及上、下层的横缝应错开1m左右。为此,在铺装施工前,应预先将钢箱梁横隔板位置标记在中央分隔带的中线上。

施工缝的切割按下述原则进行:

(1)铺装上、下层的纵缝采用45°斜接缝,横缝采用斜接缝。

(2)与超车道搭接处不设缝。

(3)切缝前预先画线,采用手持式切缝机进行切割。

(4)切割时间应通过试切确定。即当铺装碾压完1~2h后,不时用切缝机在划线外侧拟被切除的铺装上初切。当发现切缝平顺、不再拉斜、切割面光洁平整时,即可开始正式切割。

(5)铺装下层切缝深度控制在2.5cm上下,上层切深控制在2.5cm左右。

(6)切缝后,即用适当的工具将铺装的多余部分撬走,并用细铜丝刷刷除不稳定的颗粒,用较宽的鬃毛刷扫清灰尘,必要时用湿拖把擦拭,最后用高压气将所有颗粒及灰尘吹出桥面以外。

(7)当邻幅喷洒黏结料时,不但要同时喷涂缝壁,还应跨过接缝,超宽1~2cm。

7.3.3.4 洒布上层黏结层

工序基本同7.2.3.1,但洒布量为0.6L/m^2。

7.3.3.5 摊铺上层沥青混合料

工序基本同7.2.3.2,接缝处理方式同7.2.3.3。

7.3.3.6 养护

对钢桥面铺装进行为期3d的自然养护,养护期间不得开放交通,养护期末采用冲击试验评定环氧沥青混合料的固化程度,当环氧沥青固化度达到85%以上时即可开放交通。

7.4 大中修方案对比

鉴于浇注式沥青混凝土维修方案的使用效果不佳,本节将重点对温拌型和热拌型环氧沥青混凝土铺装维修方案进行对比。以下结合江阴大桥钢桥面铺装维修工程的实际情况,对温拌型环氧和热拌型环氧的技术体系的特殊性和对江阴大桥铺装的适用性进行详细分析。

7.4.1 技术体系对保通的影响

不同的环氧沥青技术体系对保通的影响主要体现在"前期强度"和"养生时间"两个方面。

7.4.1.1 前期强度

对于钢桥面环氧铺装来说,由于下面层需要良好的性能保护好钢板,且环氧的强度增长需要一定时间,因此在施工中需要尽可能地不对下面层进行扰动。如果前期强度低,则需要在铺筑好下层后待其具备一定强度后再进行下一步的施工。

当下面层使用环氧材料时,下面层铺筑完成后,为加快工程进度,一般不会有充足的养护时间进行上面层铺筑,工程车的行驶不可避免地对下面层的强度造成扰动破坏,如果出现微裂缝,则会成为后期病害集中发生区域。

温拌型环氧材料的初期强度较低。(《公路钢桥面铺装设计与施工技术规范》中规定:温拌需要测定未固化试件马歇尔强度≥5.0 kN,而热拌型环氧前期强度较高,不需要测定。)因此,工程车对温拌型环氧下面层强度的破坏更加严重,由于环氧材料的强队来源于化学反应且是不可逆的,因此破坏的强度在后期是无法完全恢复的,强度扰动大的地方有可能成为病害发展区域。

温拌型环氧沥青混合料由于采用的常规沥青(基质沥青或者改性沥青),因此短期内前期强度完全可以达到后续施工的要求,不会影响工期。

7.4.1.2 养生时间

环氧沥青强度的增长与温度和时间息息相关,在已摊铺在桥面的情况下,其强度的增长主要的影响因素就是时间,因此养生时间对铺装的性能和抗病害能力具有明显的影响。即将发布的《公路钢桥面铺装设计与施工技术规范》中规定:温拌型环氧(美国环氧和国产环氧)养生25~45d,热拌型环氧(日本环氧)养生3~7d,养生期间禁止车辆通行。可以看出日本热拌型环氧铺装的养生时间远低于美国温

第7章 江阴大桥钢桥面铺装大中修技术方案对比

拌型环氧铺装。

鉴于江阴大桥日常运营交通量大的特点,热拌型环氧在"前期强度"和"养生时间"两个指标上都具有显著的技术优势,因此可以达到本工程对施工期间保通的要求,而温拌型环氧则无法保证。

7.4.2 技术体系对实施空间、时间的要求

由于该工程实施空间有限,桥拱和中间的防护网都大大影响了施工的可操作空间,因此需要保证采用的环氧技术可以在较小的实施空间内进行作业;同时可能会由于实施空间有限造成某些施工工序耗时较长、实施组织难度增大等,需要环氧沥青铺装施工时能够保证有足够的总时差(对环氧材料来说,即保证有足够的容留时间),以保证工程的质量。

7.4.2.1 实施空间

由于温拌型环氧的前期强度低,且拉伸率较低,因此理论上需要具有侧向喂料功能的沥青混合料转运机进行侧向喂料摊铺作业,主要是为了保护环氧防水黏结层不受到破坏。图7-1为侧向喂料机的典型产品——三一重工LHZ25沥青混合料转运车,其工作宽度3m以上;图7-2为某钢桥面铺装工程中使用侧向喂料机进行摊铺作业,并与本工程的空间条件进行了对比。使用侧向喂料机进行摊铺时需要多占据一条车道,并且需要该车道与施工车道之间无遮挡,结合本工程大中修需要提供车道供过桥车辆正常通行,可以看出本工程是完全不具备侧向喂料的实施空间,不方便应用温拌型环氧沥青技术。

图7-1 三一重工LHZ25沥青混合料转运车

目前,由于一些温拌型环氧铺装工程无法应用侧向喂料机,或者为节省成本、加快工程进度,大多工程也不采用侧向喂料机,这对于采用温拌型环氧(美国环氧和国产环氧)作为铺装材料的工程来说,其对钢桥面防腐层、防水层的破坏是十分严重的,这样无法保证环氧铺装的整体性能,极有可能造成钢桥面板本身的病害的大规模出现,严重影响钢桥面板的寿命,造成严重的安全隐患和经济损失。

图7-2 利用侧向喂料机摊铺作业空间要求与实际空间条件对比

热拌型环氧技术体系中防水黏结层采用纯环氧材料,高断裂伸长率直接在黏层上倒车摊铺,因此不存在需要侧向喂料的情况,可以满足该工程对实施空间的要求。

7.4.2.2 容留时间

容留时间是指环氧沥青混合料从拌和站出厂到摊铺碾压容许存留的时间。如果超过容留时间,则极容易出现碾压不实导致严重影响铺装性能的情况,严重时会造成大量弃料,造成不可挽回的巨大经济损失。

温拌型环氧的容留时间小于60min,即从装车、运输、摊铺到碾压,必须在60min内完成,施工组织难度和风险很大。按照工程经验,当施工时间超过50min,温拌型环氧就存在局部(内部)硬化的风险;施工时间在60min以上时,就基本会出现局部硬化,严重影响摊铺、碾压质量。严重时,虽然可以卸车,但无法进行摊铺碾压,造成摊铺机卡料,只能抬机。严重影响质量和时间,并且这是一个恶性循环,一旦抬机,将耽误大量时间,后续的混合料也极有可能无法使用。

图7-3 美国环氧在运输车中固化

而在工程施工过程中,突发状况会时有发生,因此温拌型环氧在施工过程中非常容易出现废料的情况,这样就会导致不必要的损失,或者是已经铺下去的混合料碾压不实。据了解,在国内多个工程项目中,固化时间段的环氧都发生过运输车环氧混凝土卸不下来、废料等现象。如图7-3所示即为混合料超过容留时间,在运输车中已出现固化现象。

热拌型环氧沥青混合料从拌和站出

第7章　江阴大桥钢桥面铺装大中修技术方案对比

厂到摊铺碾压完毕,容留时间不小于240min,拥有足够的操作时间。目前实施的众多工程基本不存在废料情况,由此也带来充足的摊铺、碾压组织时间,做到和普通热拌沥青路面施工组织基本相当,施工组织的可靠性高。

因此可以看出,同温拌型环氧相比,热拌型环氧在对实施空间的要求、施工难度、施工风险等方面具有无可比拟的优势,本工程施工空间局促的情况不会对热拌型环氧铺装的实施产生影响。

7.4.3　技术体系对原材料的要求

江阴大桥所处地域潮湿、多雨,因此需要保证原材料的含水率和空气湿度对铺装的性能影响较小。

温拌型环氧沥青黏结料对水很敏感,要求石料必须完全干燥。但温拌型环氧沥青混合料出料温度为110～120℃,施工温度较低,如果石料含水,拌和中无法烘干。同时,由于环氧沥青混合料的空隙率较低(≤3%),石料中的水分无法通过混合料空隙及时排除,极易产生鼓包,影响铺装密水性。因此,石料必须先过次拌和站烘干,冷却后再用。这种要求在江阴这样的多雨潮湿地区基本不可能实现,即便烘干后的集料,存放一两天后含水率又会超标,严重影响工程实施进度。

热拌型环氧沥青混合料石料加热温度高达180～190℃,和普通改性沥青拌和类似,可以将石料里的水分彻底烘干。热拌型环氧对集料的原材料要求比较宽松,不像温拌型环氧因为温拌(110℃左右)对石料要求零含水率那样苛刻。

7.4.4　技术体系对成本的影响

温拌型沥青黏结剂,无论是拌和站的添加还是防水黏结层、黏结层的施工,均需要专用设备来施工,该设备投资大(约20万美元),单体项目是很大的浪费,且设备要提前6个月预订,一旦出现故障将严重影响工程质量和进度,施工组织性差。如图7-4所示。

热拌型环氧不需要特定进口设备,自制简易工具即可施工,对设备的依赖性小,更有利于施工组织的机动性和可靠性。

在黏结层上,相比温拌型环氧沥青,热拌型环氧黏结层为纯的环氧树脂。施工时为常温施工,A、B组分混合均匀后,可以采用喷涂或滚涂的方式来施工,施工组织方便(图7-5、图7-6)。

图7-4 温拌型环氧黏层施工及拌和楼投放需要配备的进口设备

图7-5 热拌型环氧黏结层用简单的搅拌器和滚刷即可施工

图7-6 热拌型环氧沥青混凝土采用自制的投放、拌和和计量装置即可施工

第7章 江阴大桥钢桥面铺装大中修技术方案对比

7.4.5 性能对比

总体来说,从技术参数角度分析,两种环氧体系都可以满足该工程对材料性能的要求。试验结果如表7-26所示。

技术性能指标情况　　　　　表7-26

序号	内容	试验条件	温拌型环氧沥青混凝土	热拌型环氧沥青混凝土
1	马歇尔稳定度(kN)	60℃,50mm/min	51.3	69
2	流值(0.1mm)	60℃,50mm/min	44	35
3	极限弯拉应变	15℃,50mm/min	14 881	13 762
		-15℃,50mm/min	5 126	3 790
4	动稳定度(次/mm)	60℃,0.7MPa	18 620	24 360
5	残留稳定度(%)	25℃	95.4	98.6

参 考 文 献

[1] 陆庆. 环氧沥青混凝土钢桥面铺装结构和试验研究[D]. 南京：东南大学, 2000.

[2] 潘承緯. Guss asphalt 成效特性之研究[D]. 台湾：国立中央大学, 2001.

[3] 多田宏行. 桥面铺装的设计与施工[M]. 日本：鹿岛出版会, 1993：10-18.

[4] 沈金安. 改性沥青与 SMA 路面[M]. 北京：人民交通出版社, 1999.

[5] 黄卫, 钱振东. 环氧沥青混凝土在大跨径钢桥面铺装中的应用[J]. 东南大学学报(自然科学版), 2002, 32(5)：783-787.

[6] 陈磊磊, 钱振东, 王建伟, 等. 国产环氧沥青混凝土施工关键技术研究[J]. 施工技术, 2010, 39(10)：74-76.

[7] 王中文, 曾利文. TAF 环氧沥青混合料的施工控制[J]. 公路交通科技, 2013, 30(1)：12-16.

[8] 闵召辉, 张占军, 钱振东, 等. 环氧沥青混合料强度的时温依赖性[J]. 中国公路学报, 2007, 20(3)：1-4.

[9] 樊叶华. 大跨径钢桥面浇注式沥青混凝土铺装技术研究[D]. 南京：东南大学, 2004.

[10] 钱振东, 何长江. 钢桥铺面裂缝快速修复材料性能试验研究[J]. 东南大学学报(自然科学版), 2008, 38(2)：255-259.

[11] 何长江, 钱振东, 王建伟. 环氧沥青混凝土钢桥面铺装病害处治技术研究[J]. 交通科技, 2007, (5)：42-44.

[12] 李智, 钱振东. 典型钢桥面铺装结构的病害分类分析[J]. 交通运输工程与信息学报, 2006, 4(2)：110-115.

[13] 林伍湖. 海沧大桥钢桥面铺装层损坏原因及维修探讨[J]. 公路, 2004(10)：77-80.

[14] 冯铨, 陈仕周, 陈富强, 等. 钢桥桥面沥青铺装层病害处治方法研究[J]. 公路交通技术, 2007(1)：53-55.

[15] 何利佳. SPRR 技术在桥面铺装层早期病害处治中的技术适用性分析[D]. 重庆：重庆交通大学, 2011.

参 考 文 献

[16] Pavement Preventive Maintenance[R]. Nina McLawhorn Research Administrator Wisconsin Department of Transportation, June 19, 2003.

[17] Pavement Preventive Technology in France, South Africa and Australia[R]. Prepared by the International Scanning Study Term, October 2002.

[18] 刘克非. 极端气候下沥青路面破坏机理与修复技术研究[D]. 长沙:中南大学, 2012.

[19] 康敬东. 沥青路面裂缝和坑槽养护维修技术的研究[D]. 西安:长安大学, 2002.

[20] 何波. 沥青路面裂缝和坑槽破损机理与修补技术研究[D]. 西安:长安大学, 2006.

[21] Samuel Labi, Kumares C Sinha. Life-Cycle Evaluation of Highway Pavement Preventive Maintenance [R]. Transportation Research Board, National Research Council, Washington D. C. ,2003.

[22] The Office of Pavement Engineer. Pavement Preventive Maintenance Program Guidelines[R]. Ohio Department of Transportation,2001.

[23] 东南大学, 南京长江第二大桥建设指挥部. 南京长江第二大桥钢桥面环氧沥青混凝土铺装技术及应用[R]. 南京,2000.

[24] 陈团结. 大跨径钢桥面环氧沥青混凝土铺装裂缝行为研究[D]. 南京:东南大学, 2006.

[25] 杨若冲, 程刚. 钢桥面铺装车辙破坏机理及成因分析[J]. 公路, 2004(3): 52-55.

[26] 杨军, 丛菱, 朱浩然, 等. 钢桥面沥青混合料铺装车辙有限元分析[J]. 工程力学, 2009, 26(5):110-115.

[27] 杨军, 崔娟, 万军,等. 基于结构层贡献率的沥青路面抗车辙措施[J]. 东南大学学报(自然科学版), 2007, 37(2):350-354.

[28] 杨军, 朱浩然, 崔娟. 钢桥面铺装混合料三轴重复加载试验变形特性[J]. 交通运输工程学报, 2008, 8(6):24-28.

[29] He Guiping, Wong Winggun. Laboratory study on permanent deformation of foamed asphalt mix incorporating reclaimed asphalt pavement materials[J]. Construction and Building Materials, 2007, 21:1809-1819.

[30] Zhao Yongli, Zhang Jiupeng. A Mechanical Model for Three-phase Permanent

Deformation of Asphalt Mixture under Repeated Load[J]. Journal of Wuhan University of Technology(Materials Sciences Edition), 2009, 24(6): 1001-1003.

[31] 罗桑, 钱振东, Harvey J. 环氧沥青混合料动态模量及其主曲线研究[J]. 中国公路学报, 2010, 23(6): 16-20.

[32] Kenji HIMENO, Tatsuo NISHMAWA. Longitudinal Surface Cracking in Asphalt Pavements on Steel Bridge Decks Related to Dissipated Energy [J]. Department of Civil Engineering, Chuo University, 2002.

[33] S. C. S. Rao, Tangeila, J. Craus, J. A. Deacon and C. L. Monismith Summary Report On Fatigue Response Of Asphalt Mixtures. Report No. SHRP-A-312, Strategic Highway Research Program (SHRP), National Research Council, Washington, D.C. 1990.

[34] 中华人民共和国行业标准. GB/T 4161—2007 金属平面应变断裂韧度 KIC 试验方法[S]. 北京:中国标准出版社,2007.

[35] 关永胜. 分布式光纤传感在铺装裂缝监测中的应用研究[D]. 南京: 东南大学, 2007.

[36] 姬野贤治,等. Longitudinal Surface Cracking in Asphalt Pavements on Steel Bridge Decks Related to Dissipated Energy [C]. 2nd Workshop on Pavement Technologies,东京, 2003.

[37] 中国航空研究院. 应力强度因子手册[M]. 北京:科学出版社,1981.

[38] Salam Y. M., C. L. Monismith. Fracture characteristics of asphalt concrete[C]. Proceedings Association of asphalt Paving Technologists, 1972.

[39] ASTM. E1290-02. Standard Test Method for Crack-Tip Opening Displacement (CTOD) Fracture Toughness Measurement, 2002, 10.

[40] 吴智敏, 徐世烺, 卢喜经,等.试件初始缝长对混凝土双 K 断裂参数的影响[J]. 水利学报,2000:(4).

[41] 徐世烺, 赵国藩. 混凝土断裂力学研究[M].大连:大连理工大学出版社,1991.

[42] 王泓. 材料疲劳裂纹扩展和断裂定量规律的研究[D]. 西安:西北工业大学, 2002.

[43] Arthur M Dinitz, Michael S Stenko. The Successful Use of Thin Polysulfide Epoxy Polymer Concrete Overlays on Concrete and Steel Orthotropic Bridge Decks[C]. Structures Congress 2010: 530-540.